falter 47

Leben ist Liebe

Ressourcen der Seele

Herausgegeben von Jean-Claude Lin

Verlag Freies Geistesleben

Die meisten der in diesem 47. Band der falter-Reihe enthaltenen Beiträge sind ursprünglich im Lebensmagazin *a tempo* 2012 erschienen; das Vorwort *Ressourcen der Seele* erschien in *a tempo* 12/2016, der Beitrag *Bäume* in *a tempo* 11/2016 und *Erfahrungen mit dem Zeitpunkt des Todes* in der Zeitschrift *Die Christengemeinschaft* 11/2016. Der Beitrag über die *Freundlichkeit* von Andreas Altmann entstammt seinem Buch *Gebrauchsanweisung für die Welt* und wird hier nochmals mit freundlicher Genehmigung des Piper Verlags veröffentlicht.

1. Auflage 2017

Verlag Freies Geistesleben
Landhausstraße 82, 70190 Stuttgart
www.geistesleben.com

ISBN 978-3-7725-2547-6

© 2017 Verlag Freies Geistesleben
& Urachhaus GmbH, Stuttgart
Gestaltung & Satz: Bianca Bonfert
Umschlagfoto: Adrian Campfield / Trevillion Images
Druck und Bindung: GGP Media GmbH, Pößneck
Printed in Germany

Inhalt

Im Andenken an
Susanne Katharina Wege Lin
19.8.1956 – 19.6.2014

Vorwort des Herausgebers

«Der Mensch muss seine ganze Kraft aus dem Nichts heraus finden.» Das bemerkte Rudolf Steiner am 30. Oktober des Jahres 1920 inmitten der gesellschaftlichen Umwälzungen nach dem Ersten Weltkrieg, als keine hergebrachte Ordnung zu halten schien und alle Träume über den schönen Fortschritt der menschlichen Zivilisation geplatzt waren. Der Band, in dem die Bemerkung festgehalten wird, trägt den zukunftsweisenden Titel *Die neue Geistigkeit und das Christus-Erlebnis des zwanzigsten Jahrhunderts*. Was aber auf der großen Bühne der Geschichte immer wieder zu erleben ist, und während und nach dem Ersten Weltkrieg in einem bis dahin unvorstellbaren Maße, findet sich wieder im Kleinen in jeder menschlichen Biografie. Wir stehen dann vor einem Nichts und wissen nicht weiter.

Zu einer uns gestellten Aufgabe fällt uns nicht die schöpferische Lösung ein. Dem Unternehmen, in dem man arbeitet, ereilt Schlag auf Schlag eine Widrigkeit nach der anderen. Bei einem uns nahestehenden Freund wird eine schwere Krankheit diagnostiziert. Oder der mit uns seit über vierunddreißig Jahren in Liebe verbundene Mensch stirbt. Die Einzelfälle der Ratlosigkeit oder gar Verzweiflung sind so vielfältig wie das Leben. Sie müssen aber nicht immer so dramatisch sein. Es genügt ein lustlos, kraftlos, ideenlos erlebter Tag, um die Frage wachzurufen: Wo, wie finde ich die Ressourcen meiner Seele wieder?

In punkto Einfallslosigkeit hat Rudolf Steiner im Jahr 1909 in einigen deutschen Städten – zunächst für Mitglieder der damaligen Theosophischen Gesellschaft in Karlsruhe am 18. Januar, dann aber öffentlich in Berlin am 11. Februar, und vor allem in Nürnberg am 13. Februar – über einige «Gegenmittel» gesprochen. Genauer und positiv gewendet: Er hat insbesondere in den zwei öffentlichen Vorträgen «drei Zaubermittel» zur praktischen Ausbildung des Denkens dargestellt.[*]

Das erste Zaubermittel ist, «Interesse für die Gegenstände und Tatsachen des Lebens» zu entwickeln, «in jedem Augenblicke die Dinge als

[*]Rudolf Steiner: *Die praktische Ausbildung des Denkens. Drei Vorträge.* Herausgegeben von Jean-Claude Lin. Mit einer vergleichenden Betrachtung von Walter Kugler. Verlag Freies Geistesleben, Stuttgart 2009.

Individualitäten zu nehmen und uns zu sagen, sie haben uns immer etwas zu sagen». Wenn ich beispielsweise beobachte, dass mein Nachbar etwas in seinem Garten oder an seinem Haus macht, was sich mir nicht unmittelbar erschließt, dann kann ich mir Gedanken darüber machen und später überprüfen, inwieweit meine Gedanken zutreffend waren oder nicht. – Nur von Selbstlob sollte man absehen, wenn man richtig lag, denn das verdirbt die positive Entwicklung eines den Tatsachen und Vorgängen der Welt angemessenen Denkens.

Das zweite Zaubermittel für die praktische Ausbildung des Denkens ist die Lust und Liebe zu allem, was man tut. Jedes Mal, wenn wir nur gleichgültig, pflichtgemäß oder gar widerwillig etwas tun, vergeben wir eine Chance, uns mit der Welt und ihren Vorgängen zu verbinden. Sind unsere alltäglichen Handgriffe und Betätigungen dagegen «beherrscht» von Lust und Liebe, so vereinigen wir uns mit der Welt – und die Welt bedankt sich bei uns immer wieder mit den für sie richtigen Einfällen.

Das dritte Zaubermittel ist die innere Befriedigung am eigenen Denken, das wir bewusst selbst ausführen in der inneren, nicht von außen bestimmten Reflexion. Wir können etwa fünf Minuten am Tag damit verbringen, über einen einfachen Gegenstand wie einen Bleistift oder eine Schere nachzudenken, ohne dabei abschweifende Gedanken zuzulassen. Oder wir können uns am Ende eines Tages fragen: Was hast du heute erlebt, das wesentlich war, das etwas enthält, was von Dauer ist? Immer wieder habe ich bei mir beschämt feststellen müssen, dass mir das schwerfiel, dass zunächst gar nichts mir als *wesentlich*, Zeit überdauernd erschien.

Nach diesen Ausführungen zu den drei Zaubermitteln zur praktischen Ausbildung des Denkens weist Rudolf Steiner noch auf die Bedeutung der Nacht hin: wie wichtig es sei, manches Problem, wenn es einmal in Gedanken bewegt worden ist, durch die Nacht zu nehmen. In der Nacht reift das Denken weiter – ja: «Für vieles, was der Mensch verdirbt an seiner Gedankenkraft, wird der Ausgleich geschaffen dadurch, dass der Mensch schläft.» Und dann kommt der überraschendste Hinweis: «Es wird das Denken aber viel wesentlicher gefördert, wenn der Mensch sich entschließt, nicht zu denken, obwohl er wach ist. Die Augenblicke des Nichtdenkens sind die größten erzieherischen Mittel für das Denken.»

Womit wir wieder beim Nichts sind: *«Der Mensch muss seine ganze Kraft aus dem Nichts heraus finden.»* Aber dieses Nichts muss durch kräftiges Tun erst ermöglicht werden! Das ist der Unterschied. Unser Bewusstsein ist meist mit allerlei unwillkürlichen Gedanken erfüllt oder gar besetzt. Um dahin zu kommen, dass wir uns den Gegenständen und Tatsachen des Lebens ganz ohne Vorurteile hingeben können, bedarf es der selbstbestimmten, geübten eigenen Tätigkeit des Denkens. Aber dann muss das eigene Denken schweigen und leer sein können, um etwas Neues zu empfangen.

Neben dem Vertrauen, das einem geschenkt wird, der Selbsterkenntnis, die wir uns mühsam erringen, dem Atem der Erde, mit dem wir leben, dem Glauben, der Liebe, der Hoffnung, die uns zuteil werden; neben der selbstlosen Hinwendung zum Du, der Leichtigkeit in der Musik eines Debussy, der Freundlichkeit oder der monumentalen bildschaffenden Willenskraft eines Michelangelo; neben dem Trost der Bäume, der Weisheit der Märchen oder der Romane von Charles Dickens — gibt es unzählige Ressourcen der Seele. Sie sind so vielfältig wie die einzelnen Menschen, die sich dem Wunder des Lebens zuwenden.

Stuttgart, 6.11.2016   *Jean-Claude Lin*

The Pickwick Papers, Charles Dickens' erster
Roman, erschien in Fortsetzung von April
1836 bis November 1837 20-teilig in
19 monatlichen Folgen.
Geboren am 7. Februar 1812 in Portsmouth,
war Charles Dickens erst 24 Jahre alt, als er
mit den «Pickwickier» begann; bis dahin war
er Journalist und parlamentarischer Bericht-
erstatter, der unter dem obskuren Pseudonym
«Boz» seine Artikel schrieb.
Mit Mr. Samuel Pickwick, Sam Weller und
den anderen Protagonisten seines ersten
Romans schuf er einige der beliebtesten
Gestalten der Mythologie der englischen
Kultur und wurde in die Gesellschaft der
hoch gefeierten Schriftsteller Englands
katapultiert. «Einer zweiten Sonne gleich»
kommt Mister Pickwick, unsere trüben Tage
zu erheitern.

Charles Dickens: Die Pickwickier
Ins Deutsche übertragen von Gustav Meyrink
2. Kapitel, Diogenes Verlag, Zürich 1986

Mr Pickwick

«Die Sonne, die pünktliche Allerweltdienerin, war eben aufgegangen und begann mit ihren Strahlen den Morgen ... zu erhellen, als sich Mr. Samuel Pickwick, einer zweiten Sonne gleich, von seinem Lager erhob, das Fenster seines Schlafgemachs öffnete und auf die Welt zu seinen Füßen hinabblickte.»

Ruth Ewertowski

«Vertrauen, dieses schwerste ABC»

Je mehr davon die Rede ist, desto weniger ist es da. Je dringender man es haben will, umso mehr entzieht es sich. Das ist nicht nur das Zeichen der Krise, sondern liegt sachgemäß im Wesen des Vertrauens, ohne das doch nichts geht.

Wenn man Vertrauen hat wie ein Kind und lächeln kann wie ein Kind, ist es ganz einfach; wenn man es aber verloren hat und es wieder haben will, das Schwerste. Politik und Finanzmärkte singen derzeit ein Lied davon und werben um Vertrauen, doch tönt das schräg. Je mehr man den Missklang darin hört, umso besser. Denn wo Vertrauen selbst zum Kapital degradiert wird, das die Märkte beruhigen soll, wird eine der wertvollsten und unerlässlichsten Bedingungen unseres Daseins instrumentalisiert und damit missbraucht. Natürlich ist Vertrauen auch da nötig, wo's ums Geld geht. Wenn es aber mit ihm gleichgesetzt wird, hat man die Namen der Dinge verwirrt: Vertrauen kann uns nie so gehören wie Geld und offenbart sich gerade deshalb als das Wertvollere. Es ist die Basis menschlicher Existenz und wird, anders als Geld, nicht weniger durch seinen Gebrauch, im Gegenteil: es pflanzt sich fort. Die Metaphorik, die ihm angemessen ist, ist eine pflanzliche. Hingegen läuft die immer wieder bemühte ökonomische Rede, etwa auch vom «Sozialkapital», dem Vertrauen zuwider, weil sie im Grunde nur auf eine lineare Erhaltung und Steigerung sinnt, während das Wachstum des Vertrauens den vegetativen Charakter des Zyklischen hat. Es ist Same und Frucht zugleich, d.h. Vertrauen befähigt einen anderen zu dem, was ihm zugetraut wird, macht ihn zuverlässig und ehrlich, schöpferisch und fähig, über sich hinauszuwachsen. Logisch gesehen erzeugt es damit erst das, was seine Bedingung ist. Denn Vertrauen schafft die Vertrauenswürdigkeit des anderen, die eigentlich der Grund des Vertrauens ist. So geht aus der Frucht der neue Same hervor, der wieder Frucht bringen kann.

Daraus aber eine Strategie zu machen, weil statistisch gesehen Vertrauen in der Hauptsache wiederum Vertrauen und Misstrauen nur Misstrauen hervorruft, hieße auf einen Placeboeffekt bauen. Der führt, sobald er erkannt ist, nur wieder in einen Vertrauensschwund. Strategisches Vertrauen ist ein Widerspruch in sich. Es ist unglaubwürdig wie alle vertrauensbildenden «Maßnahmen». Darin liegt eine Tragik, aber auch eine Schönheit und eine Souveränität.

In den Angelegenheiten unserer Seele gehört es zu den schwierigsten, aber wichtigsten Fragen, wie wir wieder in den Zirkel des Vertrauens hineinkommen können, wenn wir einmal aus ihm herausgefallen sind. Und jeder Mensch fällt, wenn alles seinen normalen Gang geht, doch irgendwann aus ihm heraus. Denn zum einen gibt es kein Leben ohne Enttäuschungen, und zum anderen führt schon allein das Nachdenken über das Vertrauen in das Magnetfeld des Misstrauens. Wenn man nach Gründen sucht, ist es schon nicht mehr, was es einmal als ein Fragloses war. Wir fallen aus ihm heraus, weil wir rechnen oder Angst haben, weil die Gewalt einbricht oder unsere Welt so völlig unübersichtlich geworden ist und wir nicht mehr wissen, wo's langgeht. Wie kann es da wiederkommen?

Eine sehr feinsinnige Antwort auf diese Frage hat einmal Hilde Domin in ihrem Gedicht *Lied zur Ermutigung II* gegeben (siehe S. 23).

Wenn man etwas verloren hat, kann man es wiederfinden oder auch nicht. Findet man es, dann ist das wie ein Geschenk. So wird auch nicht selten und zu Recht vom Vertrauen gesprochen: Es ist eine Gabe, eine Gunst, die uns von anderswoher gewährt werden muss. Unsere eigentliche Aktivität ist dann die, dass wir die Gabe weitergeben. Ja, man hat Vertrauen nur, wenn man es weiterschenkt.

Dass man Vertrauen aber auch lernen können soll wie das ABC, also wie Lesen und Schreiben, ist anders: schwer, aber doch irgendwie machbar. Wenn wir Vertrauen noch anfänglich lernen könnten ohne die Erfahrung der türlosen Mauern, des Ausgesperrt- und Auf-der-Flucht-Seins, so anfänglich wie ein Kind das Grundvertrauen und die Sprache im Zusammensein mit Mutter und Vater lernt, dann wäre es einfach. Da es aber ein Verlorenes ist, ist es das «schwerste ABC».

Die Sprache ist das Beziehungen stiftende Medium schlechthin. In ihr liegt die Sphäre des Vertrauens. Sie schließt die Welt auf, und zwar so, dass wir an ihr beteiligt sind. Dazu aber muss man sie wohl immer wieder von neuem lernen und dabei die Bedeutungen wie Beziehungen sachgemäß stiften. Das ist ein kreativer Akt, der im Gedicht Zeichensetzung und Selbstfindung zugleich ist. Denn in den ersten beiden Strophen ist das Ich sich selber fremd, was sich darin ausdrückt, dass es sich mit Du anspricht. Dennoch: es ist unterwegs zu sich, denn seine Rede gilt der Vergangenheit und steht im Passiv: «Lange wurdest du ...» Die Flucht und das Wegwerfen der verwirrten Namen der Dinge ist aktive Gegenwart, vielleicht der Nullpunkt, aber zugleich der Anfang eines Hinter-sich-Lassens.

Ein Nullpunkt, der den Begriff des Vertrauens selbst betrifft, ist sein Missbrauch als Kapital zur Geldvermehrung. Darin haben sich für uns heute die Namen der Dinge verwirrt. In jedem Babel, das einen Turm baut, herrscht Sprachverwirrung, Unverständnis und Misstrauen. Zu anderen Zeiten sind die Namen der Dinge anders verwirrt und verfälscht worden, immer aber ist der Wortbruch ein Vertrauensbruch und führt dazu, dass wir die Welt nicht mehr verstehen. Verstehen aber führt zu Vertrauen. Und das Verstehen kann man lernen und üben. Man kann z.B. dieses Gedicht zu verstehen suchen und dabei die Spur zu einem Vertrauen finden, an dem man selbst schöpferisch beteiligt ist. Das lyrische Ich setzt ein Zeichen in die Luft da, wo das neue Vertrauen beginnt.

Natürlich ist alles gewagt und aus Nichts gebaut, aber es ist echt, gerade weil das Ich als sein eigener Souverän an ihm beteiligt ist: es schafft aus dem Nichts, aber dieses ist nicht leer und hohl. Sein potenzieller Gehalt, den wir ihm geben, wird deutlich, wenn wir es mit seiner Karikatur vergleichen: jener eben nicht vertrauensvollen, sondern hochgradig spekulativen Form, aus nichts etwas zu machen, wie sie in der Geldwirtschaft unter dem Namen «Hedgefonds» bekannt ist. Dass das englische *hedge* ausgerechnet ein Absichern bedeutet, ein sich mit einer Hecke umgeben, eine Selbsteinzäunung, ist hier sachlich so wahr wie falsch. Eine Sicherheit, die nichts oder jedenfalls nicht einen selbst etwas kosten darf, schafft schließlich türelose Mauern, hinter denen nur noch Leere ist. Hier haben sich die Namen der Dinge so absurd und deutlich verwirrt, dass das ABC des Vertrauens in die goldene Stadt dagegen geradezu leicht fällt – wenn man will. Denn Vertrauen wächst auf dem Ackerboden der Verantwortung, der eigenen wie der fremden – und die kann man tatsächlich wollen.

Lied zur Ermutigung II

Lange wurdest du um die türelosen
Mauern der Stadt gejagt.

Du fliehst und streust
die verwirrten Namen der Dinge
hinter dich.

Vertrauen, dieses schwerste
ABC.

Ich mache ein kleines Zeichen
in die Luft,
unsichtbar,
wo die neue Stadt beginnt,
Jerusalem,
die goldene,
aus Nichts.

Hilde Domin

Sämtliche Gedichte
Hrsg. von Nikola Herweg und Melanie Reinhold
Mit einem Nachwort von Ruth Klüger.
S. Fischer Verlag, Frankfurt am Main 2009.

Charles Dickens' zweiter Roman um
den Waisenjungen Oliver Twist, seinen
schlagfertigen Begleiter unter den Kinder-
dieben Londons, den «Artful Dodger»,
den herrschenden Hehler Fagin und der
sanftmütigen Straßenhure Nancy, erschien in
monatlichen Fortsetzungen von Februar 1837
bis April 1839. Der zumindest dem Namen
nach heutzutage bekannteste Roman Charles
Dickens' erschien als Buch im November 1838
in drei Bänden, wie damals üblich für den
Geschmack der Zeit.

**Charles Dickens: Oliver Twist oder
Der Werdegang eines Jungen aus dem
Armenhaus**
Aus dem Englischen übersetzt
von Axel Monte.
Philipp Reclam jun., Stuttgart 2011
Zweiunddreißigstes Kapitel

Oliver

«Die Erinnerungen, die von friedlichen ländlichen Szenerien wachgerufen werden, sind nicht von dieser Welt, noch haben sie etwas mit deren Gedanken oder Hoffnungen gemein. Ihr besänftigender Einfluss mag uns lehren, frische Kränze zu winden für die Gräber jener, die wir geliebt haben, mag unsere Gedanken läutern und alte Feindschaften und alten Hass zum Verstummen bringen. Aber unter all dem schlummert sogar in dem unbeweglichsten Geist ein unbestimmtes, kaum geformtes Bewusstsein, solche Gefühle lange zuvor in einer fernen und entrückten Zeit empfunden zu haben, das erhabene Gedanken an künftige ferne Zeiten hervorruft und den irdischen Stolz bezwingt. – Es war ein reizender Ort, an den sie sich begeben hatten. Oliver, dessen Leben sich zwischen verwahrlosten Menschenmassen und inmitten von Lärm und Streit abgespielt hatte, schien hier in ein neues Dasein einzutreten.»

Jean-Claude Lin

Selbsterkenntnis.
Woher weißt du, wer du bist?

Charles Dickens zum 200. Geburtstag

Einmal mit einiger Intensität empfunden, lässt einen die Frage nicht so leicht wieder los: Woher weißt du, wer du bist? Charles Dickens muss sie immer wieder sehr intensiv empfunden haben. Sie tritt vielleicht nicht gleich in seinem ersten, an skurrilen Abenteuern und Witz, an schrägen Typen und liebenswürdigen Charakteren überbordenden Roman *The Posthumous Papers of the Pickwick Club* (zu deutsch *Die Pickwickier*) hervor. Der vom April 1836 bis November 1837 in 19 monatlichen Folgen erschienene Roman – mit einer Zäsur im Juni 1837, da wegen der tiefen Trauer über den Tod seiner Schwägerin Mary Hogarth, Dickens die Fortsetzung unterbrechen musste – führte den 25-Jährigen zu ungeahntem literarischem Ruhm. In seinem zweiten Roman aber über den Waisenjungen Oliver Twist, der bereits ab Februar 1837 bis

April 1839 in einem anderen monatlichen Magazin erschien, macht sich das Thema der verborgenen Identität unhintergehbar geltend. Es begleitet Dickens' schriftstellerisches Schaffen fortan wie ein unerlöster Schatten.

Dabei kennt der am 7. Februar 1812 in Landport bei Portsmouth geborene Charles John Huffam Dickens seine Eltern John Dickens und Elizabeth Barrow sehr wohl. Dem Vater mit seiner Gabe, sich zur allgemeinen Erheiterung besonders gestelzt und sentenzartig auszudrücken, hat er ein Denkmal gesetzt in der Gestalt des Mr. Micawber in seinem stark autobiographisch geprägten achten Roman *David Copperfield*. Dessen andere Begabung, stets über seine Verhältnisse zu leben – die dazu führte, dass die Familie mehrere Monate im Marshalsea-Schuldengefängnis verbrachte und der zwölf-jährige Charles sich in Warrens Schuhwichsfabrik verdingen musste –, taucht in verschiedener Gestalt in den Romanen immer wieder wie ein Albtraum auf. Die Schmach empfand er so tief, dass er dieses Ereignis vor seinen eigenen Kindern und seinen engsten Freunden verbarg. Später hielt er fest: «Ich schreibe es weder nachtragend noch in Zorn: denn ich weiß, wie alle diese Erlebnisse mich zu dem gemacht haben, der ich bin: aber ich habe später nie vergessen, ich werde es nie vergessen, ich kann es nicht vergessen, dass meine Mutter sich dafür erwärmte, mich in die Fabrik zurückzuschicken.»

Als die Familie 1822 von seinem geliebten ländlichen Chatham bei Rochester nach London übersiedelte und er allein die trostlose Reise in die Großstadt mit der Postkutsche antreten musste, blieb er Monate ohne Schulunterricht. Tagelang durchwanderte er die Straßen Londons und berichtet im Rückblick: «Ich weiß, dass ich ohne Gottes Hilfe leicht ein kleiner Straßenräuber oder Vagabund hätte werden können.»

Es ist also etwas Besonderes, wie Charles Dickens bereits als Kind eine innere oder geistige «Erbschaft» empfindet, die sich bei ihm entfalten sollte. In seinen Romanen kommt dies dichterisch zum Ausdruck – außer in *Oliver Twist* wieder in ausgeprägter Form in seinem gelegentlich als Lieblingsroman bezeichneten *David Copperfield* sowie in seinem vorletzten, dreizehnten vollendeten Roman *Große Erwartungen*. Dass diese beiden letztgenannten als einzige in der ersten Person erzählt sind, zeichnet sie besonders aus.

Vom 1. Dezember 1860 bis zum 3. August 1861 erscheint der für Dickens verhältnismäßig schmale Roman *Great Expectations* in der von ihm gegründeten Wochenschrift *All the Year Round*. Im Mai 1858 hatte er sich von seiner Frau Catherine getrennt, mit der er zehn Kinder gehabt hatte. Für viele seine Freunde war dies ein schwer verständlicher und kaum verzeihlicher Schritt, und für den allseits als gewissenhafter, sozial engagierter und jovialer Familienmensch geschätzten Autor geradezu skandalträchtig. Ihn zog es zu der erst 18-jährigen Schauspielerin Ellen Ternan, genannt Nelly, die er im August 1857 bei Proben für eine Laienaufführung eines Schauspiels, in dem er selbst mitwirkte, kennengelernt hatte. Einige Jahre bleibt die von ihm ersehnte Beziehung unerfüllt. In dieser Zeit aber reift sein von vielen Kennern hochgeschätzter Roman *Große Erwartungen*. «Es ist ein nahezu vollkommener Roman, in Teilen wie eine Ballade, geschöpft aus frühen Erinnerungen und Träumen, bevölkert von Ungeheuern, voller Schrecken und der Lösung harrenden Rätseln», schreibt Claire Tomalin in ihrer neuen und bewegenden Biographie des Dichters.

Dickens entfaltet in diesem wiederum mit köstlicher Komik und unvergesslichen Gestalten ausgestatteten Roman eine Atmosphäre von betörender Beklemmung und Verzauberung, von hehrer Schönheit und dunkler Bosheit, unergründbaren

Irr- und wiedergefundenen Heimwegen. Mit einem ernüchternden Blick für die Macht und Ironie des Schicksals erwacht allmählich eine Selbsterkenntnis, die dem Leben moralischen Halt und menschliche Substanz verleiht.

Pip, der Waisenjunge, der bei seiner ihn grob misshandelnden Schwester aufwächst, der aber in ihrem Mann, den gutmütigen Schmied Joe, einen treuen Freund findet, wird eines Tages in das Haus der älteren reichen Miss Havisham eingeladen. In ihrer grausamen Zielstrebigkeit und Absonderlichkeit ist sie eine der unheimlichsten Gestalten im Dickensschen Kosmos. Seit ihr Bräutigam am Hochzeitstag nicht erschien, stehen alle Uhren in ihrem Hause still. Kein Tageslicht dringt mehr in die Räume, und sie trägt noch das vergilbte verschlissene Hochzeitskleid der unheilvollen Stunde. Nur ein Mädchen, Estella, ist von ihr adoptiert worden, um so erzogen zu werden, dass es später Rache übe an dem männlichen Geschlecht. Pips Besuch in ihrem Haus soll nur dazu dienen, die erbschleichenden Verwandten zu verhöhnen, und da er sich Hals über Kopf in die stolze, kalte Estella verliebt, ist er auch ihr erstes Opfer. Von nun an will Pip nur noch ein «Gentleman» werden, um ihrer Gesellschaft würdig zu sein.

Doch bis er selbst erfährt, was einen wirklichen Gentleman ausmacht, ist es ein langer Weg leidensgeprüfter Selbsterkenntnis. An Pips unerfüllbarer Liebe zu Estella erwacht Miss Havisham aus ihrem grausigen Albtraum, und auch Pip wird an anderen erst zu sich selbst finden.

Charles Dickens zeigt uns auf seine unnachahmliche Weise, wie das ganz eigene «Erbe», das ein jeder Mensch mit sich führt und in sich trägt, nur in der Begegnung und in der Gemeinschaft mit den uns zugehörigen Menschen zu bergen ist. Das ist seine in früher Kindheit geahnte und durch viele Höhen und Tiefen errungene Botschaft von der wahren großen Erwartung, die jeden von uns früher oder später ergreift. –

«Ich nahm ihre Hand und hielt sie in der meinen. Dann verließen wir diese Stätte des Verfalls. Und so, wie sich vor langer Zeit die Morgennebel gehoben hatten, als ich zum ersten Mal die Schmiede verließ, so hoben sich jetzt die Abendnebel, und in der ganzen großen Weite stillen Lichtes, das sie vor mir ausbreiteten, sah ich nicht den Schatten einer neuerlichen Trennung.»*

*Letzte Sätze aus *Große Erwartungen*, in der Übersetzung von Ulrike Jung-Grell. Reclam, Ditzingen 2010.

Unter Tränen bereitet sich der junge Held auf
seine abenteuerliche Lebens- und Bildungs-
reise vor in Charles Dickens' drittem Roman,
den er zwischen März 1838 und September
1839 schrieb, als sein zweiter Roman *Oliver
Twist* noch erst zur Hälfte geschrieben
war. Am 31. März 1838 erscheint die erste
monatlich erscheinende Folge des über die
Pickwick Papers und *Oliver Twist* hinaus
noch erfolgreicheren neuen Romans, der den
Titel erhielt: *Leben und Abenteuer des Nicholas
Nickleby: ein wahrheitsgetreuer Bericht der
Glücks- und Unglücksfälle, der Aufstiege,
Abstürze und der vollständigen Karriere der
Nickleby-Familie, herausgegeben von ‹Boz›.* –
Dickens schuf eines seiner unterhaltsamsten
Werke, überfließend an Humor und Ironie,
an treffsichrer Charakteristik und ausgelas-
sener Komödie, an bewegendem Pathos und
theatralischer Vitalität.

Charles Dickens: Nikolaus Nickleby
Vollständige Ausgabe, insel taschenbuch,
Fünftes Kapitel

Nicholas Nickleby

«Wenn Tränen, die in einen Koffer träufeln, ein Zaubermittel wären, um dessen Eigentümer vor Leid und Missgeschick zu bewahren, so hätte Nikolaus Nickleby seine Reise unter den glücklichsten Vorbedeutungen begonnen. Man hatte so viel zu tun und doch so wenig Zeit dazu; so viele herzliche Worte zu sprechen und so bittern Schmerz im Herzen, der die Laute erstickte, dass die kleinen Vorbereitungen für seine Reise in der trübseligsten Stimmung getroffen wurden. Nikolaus bestand darauf, hundert Dinge, welche die ängstliche Besorgtheit der Mutter und Schwester als durchaus unentbehrlich für seine Behaglichkeit erklärte, zurückzulassen, da sie den Seinigen nachher nützlich oder im Fall der Not in Geld umgesetzt werden könnten. Hundert zärtliche Erörterungen über derartige strittige Punkte fanden in der traurigen Nacht statt, welche seiner Abreise voranging, und je näher sie das Ende eines jeden dieser harmlosen Zwiste dem Schluss ihrer kleinen Vorbereitungen brachte, desto geschäftiger wurde Kätchen und desto mehr weinte sie im Stillen.»

Dieter Hornemann

Mit dem Atem der Erde

Zeitgenossen Rudolf Steiners berichten Erstaunliches über seine enorme Leistungsfähigkeit. So erzählte einer der ersten Waldorflehrer eine ihm unvergessliche Begebenheit, als er einmal «24 Stunden mit Rudolf Steiner» erlebte. Dieser kam abends mit dem Auto von Basel nach Stuttgart zur Lehrerkonferenz mit den Mitarbeitern der ersten Waldorfschule. Die Besprechungen zogen sich hin, bis tief in die Nacht. Als dann die Lehrer nach Hause gingen, warteten schon die nächsten Ratsuchenden auf Steiner. Eine Besprechung einer Gruppe von Aktivisten der *Bewegung für soziale Dreigliederung* schloss sich an, die bis in den nächsten Morgen dauerte. Der ganze folgende Tag war ausgefüllt mit Besuchen bei anthroposophischen Instituten, beispielsweise einer Klinik, und mit weiteren Gesprächen. Abends folgte ein öffentlicher Vortrag vor tausend Zuhörern im Gustav-Siegle-Haus, wo die Menschen einen jugendfrischen, begeisterten Redner erlebten (der allerdings schon über 60 Jahre alt war) und nicht ahnten, dass hinter ihm eine so lange Zeit ermüdender Tätigkeiten lag.

Woher hatte dieser Mensch eine solch schier unerschöpfliche Kraft und Frische? Im Frühjahr 1911 nahm er sich einmal Urlaub. Eine andere «Freizeit» ist uns aus seinen Jahren als Vortragender und Schriftsteller nicht bekannt. Der Anlass war die Erkrankung seiner lieben Mitarbeiterin und späteren Ehefrau Marie von Sivers, die eines Erholungsaufenthaltes in Portorose (ein Kurort an der slowenischen Adriaküste) bedurfte. Er besuchte sie dort und verbrachte einige Wochen mit ihr. In diese Zeit fallen die Arbeiten an einem Kalender für 1912/13. Die Dichtung, die dann den Namen *Anthroposophischer Seelenkalender* erhielt, wurde im Herbst 1911 niedergeschrieben. Die wesentlichen Vorarbeiten fallen aber wohl in das Frühjahr. Von allen Werken Rudolf Steiners ist dies das wohl verbreitetste. Warum? Was macht diese zunächst schwer zugängliche Dichtung so anziehend? Es sind Meditationssprüche für alle Wochen des Jahres, über die Steiner im Vorwort sagt:

«Alles, was für Seelen bestimmt ist, nimmt eine individuelle Färbung an. Gerade deshalb aber wird auch jede Seele ihren Weg im Verhältnis zu einem individuell gezeichneten finden. Es wäre ein leichtes zu sagen: so, wie hier angeführt, soll die Seele meditieren, wenn sie ein Stück Selbsterkenntnis pflegen will. Es wird nicht gesagt, weil der eigne Weg des Menschen sich Anregung holen soll an einem gegebenen, nicht sich pedantisch einem ‹Erkenntnispfade› fügen soll.»

Es war also sein Weg des Mitlebens mit dem Jahreslauf und den Festen des Jahres. Er schrieb diesen, seinen Weg auf, um seinen Mitmenschen ein Beispiel zu geben; um sie anzuregen, ihren eigenen Weg zu finden.

Ist in diesem Mitatmen mit dem großen Erdenatem ein Schlüssel dafür gegeben, woher Rudolf Steiner diese enormen Kräfte zur Verfügung standen? Sind wir heutigen Menschen, die oft nur die eigene Schwäche erleben, hier an einem Quell zukünftiger Lebenskraft? Meine eigene Erfahrung kann dazu ein deutliches Ja sagen. Es wird oft noch völlig fruchtlos gestritten, ob diese oder jene Anschauung richtig oder falsch sei. Viel wichtiger ist, ob sie lebenfördernd oder hemmend ist. Ein intensives Mitleben des Jahreslaufes ist etwas, das uns Lebenskräfte schenkt. Und für ein solches Mitleben kann der *Seelenkalender* eine wunderbare Anregung sein.

Dieser Kalender ist so aufgebaut, dass für jede

Woche ein Spruch gegeben ist, mit dem Osterfest beginnend. Die Sprüche von drei aufeinanderfolgenden Wochen bilden dabei immer eine innere Einheit. Insgesamt ist der Kalender so gegliedert, dass sich die im Jahreslauf gegenüberliegenden Sprüche polar zueinander verhalten.

Der Spruch für die erste Woche im März bzw. die 48. Woche nach Ostern sei als Beispiel betrachtet:

> Im Lichte, das aus Weltenhöhen
> Der Seele machtvoll fließen will,
> Erscheine, lösend Seelenrätsel,
> Des Weltendenkens Sicherheit,
> Versammelnd seiner Strahlen Macht,
> Im Menschenherzen Liebe weckend.

Vom wieder stärker werdenden Frühlingslicht ist hier die Rede – und unserem Verhältnis zu ihm. Wie in einem Gebet wenden wir uns dem Lichte zu, auf dass in ihm des «Weltendenkens Sicherheit» erscheinen möge und dadurch Liebe in unserem Herzen erweckt werde. Das ist in etwa der Inhalt, in den wir uns wie in ein großes Bild vertiefen können. Abends vor dem Einschlafen und morgens nach dem Erwachen sind besonders geeignete Zeiten dafür. Zum Inhaltlichen des Spruches aber kommt noch das hinzu, was mit einem alten Ausdruck «mantrisch» genannt werden kann.

Das bedeutet, dass der Spruch in einer besonderen Weise gebildet ist: Die Rhythmen und die Laute sind derart gesetzt, dass durch sie eine geistige Kraft wirken kann. Wir können solche Mantren meditieren, indem wir uns in ein inneres, wie staunendes Lauschen versetzen, uns ganz dem Klang der Worte hingeben. Je mehr wir dabei von allem intellektuellen Assoziieren absehen, desto stärker können sie wirken.

Hier soll noch ein zweites Beispiel angeführt werden, nämlich der 51. Spruch, der mit «Frühling-Erwartung» überschrieben ist:

> Ins Innre des Menschenwesens
> Ergießt der Sinne Reichtum sich,
> Es findet sich der Weltengeist
> Im Spiegelbild des Menschenauges,
> Das seine Kraft aus ihm
> Sich neu erschaffen muss.

Eine erste Aussage spricht von der Fülle der Eindrücke, die das wieder aufsteigende Lichtjahr uns schenkt. Die zweite spricht vom schaffenden Weltgeist, der sich im betrachtenden Menschen findet. Ein Gedanke, der von Hegel stammen könnte. Und die dritte Aussage spricht davon, wie es uns aufgegeben ist, dafür zu sorgen, dass durch unser Bemühen um Erkenntnis, das ja bekanntlich mit dem Interesse anfängt, die Reinheit des Spiegelbildes gesteigert wird. Dass das menschliche Erkennen etwas für die Welt bedeutet, ist natürlich heute ein höchst ungewöhnlicher Gedanke. Wieder können wir mit dem Bild anfangen, um dann den Spruch innerlich zu hören. – So kommen wir in ein meditatives Mitatmen mit dem Atem der Erde. Das verändert unser Verhältnis zum Menschen und zur Welt ganz gründlich, es wird zu einem Lebensquell.

Tausenden und abertausenden von Lesern
auf beiden Seiten des Atlantiks, fesselte und
bewegte Charles Dickens' vierten Roman,
The Old Curiosity Shop (*Der Raritätenladen*),
der in wöchentlichen Fortsetzungen vom
25. April 1840 bis 6. Februar 1841 in seiner
Zeitschrift *Master Humphrey's Clock* erschien.
Little Nell wuchs ihnen so ans Herz, wie
kaum eine andere Gestalt im Dickens'schen
Kosmos.

Charles Dickens: Der Raritätenladen
Übersetzt von Christine Höppner.
Aufbau Taschenbuch, Berlin 2011
1. Kapitel

Little Nell

«Es ist uns so sehr Gewohnheit geworden, durch äußere Erscheinungen Eindrücke zu empfangen, die wir allein durch die Überlegung erhalten sollten, die aber ohne Unterstützung durch etwas Gesehenes oft entschlüpfen, dass ich nicht sicher bin, ob diese Gedanken eine solche Macht über mich erlangt hätten, wenn ich nicht gleichzeitig den Wirrwarr phantastischer Dinge in dem Laden des Raritätenhändlers vor Augen gehabt hätte. Diese drängten sich mir in Verbindung mit der Kleinen auf, umgaben sie gleichsam und brachten mir ihre Lage fühlbar nahe. Ohne meine Phantasie zu bemühen, hatte ich ihr Bild vor mir, umringt, ja geradezu belagert von allem Möglichen, was ihrem Wesen fremd war und so wenig mit den Neigungen ihres Geschlechts und ihres Alters zu schaffen hatte. Wenn meine Vorstellung all solchen Beistandes entraten hätte und ich genötigt gewesen wäre, das Mädchen in einer ganz gewöhnlichen Kammer zu sehen, die nichts Ungewöhnliches oder Wunderliches an sich hatte, so wäre ich wahrscheinlich weniger beeindruckt gewesen durch das Befremdliche ihrer Einsamkeit. So aber schien sie mir in einer Art Gleichnis zu leben und erregte mit all diesen Gestalten und Bildern, die sie umgaben, eine so heftige Teilnahme in mir, dass ich ... meine Gedanken beim besten Willen nicht von ihr abzuwenden vermochte.»

Ruth Ewertowski

Lebenskraft Glaube

«Nicht jeder Glaube fällt mit Gott zusammen»[*]

Glaubst du an Gott? – Das ist so eine Frage, bei
der sich der Zeitgenosse windet wie Faust bei der
Gretchenfrage, nur dass er womöglich mehr in um-
gekehrter Rechtfertigungsnot steht als Faust gegenüber Gretchen, die doch hören wollte, dass der, den
sie liebt, an Gott glaubt. Denn es ist heute wohl
einfacher, mit Entschiedenheit «Nein» zu sagen als
«Ja», wenn man nicht gleich als naiv gelten oder
erklären will, warum man denn glaubt und an wen
oder was genau.

Mit der Antwort outet man sich – das ist das
Unangenehme an der Frage. Man sieht sich zu einem Geständnis-Bekenntnis aufgefordert – so oder
so. Denn auch wer nicht glaubt, muss sich in der
Antwort bekennen, dann eben zum Atheismus,

[*] Elazar Benyoëtz: *Scheinhellig. Variationen über ein verlorenes
Thema*, Wien 2009.

was freilich weniger einer Erklärung bedarf und vielleicht souveräner wirkt. Auch steht heute neben dem Glauben ja nicht selten eine unspezifische Spiritualität, die sich nicht Glaube nennen mag, die aber offenbar irgendwie gut tut, ohne dass man sagen könnte, was da eigentlich geschieht.

Wer sich zum Atheismus bekennt, tut dies womöglich mit einer leisen Geringschätzung all derer, die aus seiner Sicht zu viel Phantasie haben und zu wenig Kraft, damit zurecht zu kommen, dass da nichts Außerirdisches ist, was hilft, wenn sonst alle Stricke reißen, oder was ein Jenseits garantiert, das einem die Angst vorm Tod nimmt. Und entsprechend könnte das Bekenntnis zum Glauben tatsächlich bedeuten, dass man sich die Geborgenheit einer Glaubensgemeinschaft und sicherheitshalber die Zuwendung eines allmächtigen Wesens warmhalten möchte.

Es sind vor allem zwei Momente, die tatsächlich der Glaubwürdigkeit des Glaubens entgegenstehen: zum einen nämlich eine Pragmatik, die eigentlich immer einem Missbrauch des Glaubens gleichkommt, und zwar nicht nur dann, wenn Kriegsherrn die Vorstellung schüren, dass Gott auf ihrer Seite stehe und man mit ihnen für Gott kämpfe, sondern auch dann, wenn Gott gewissermaßen als

Lückenbüßer für all das herhalten muss, was sich sonst nicht erklären lässt und wo man unmittelbar keinen Sinn findet. Zum anderen steht einem wesentlichen Glaubensverständnis ein fehlendes Bewusstsein vom eigenen Verhältnis zu Gott oder einer geistigen Welt entgegen. Wenn der Glaube nicht befragt wird, steht er in der Gefahr, zur Ideologie zu werden. Das heißt noch nicht, dass nur das Wissen «glaubwürdig» ist. Auf seine Weise ist auch der Ungläubige von der Gefahr der Ideologie betroffen. Der jüdische Schriftsteller Elazar Benyoëtz (geboren 1937), der sich in seinen Aphorismen sehr dialektisch mit Glaubensfragen befasst, hat dies folgendermaßen auf den Punkt gebracht:[*]

> Der Überzeugte
> glaubt nicht mehr;
> Skeptiker aber
> sind Besserwisser.

Der Überzeugte stellt keine Fragen. Der Skeptiker bezieht sein Selbstwertgefühl daraus, dass er alles in Frage stellt. Wo der eine keine Zweifel hat, hat der andere nur Zweifel. Beide aber sind in sich

[*] Elazar Benyoëtz: *Die Zukunft sitzt uns im Nacken,* Wien 2000

selbst verschlossen, denn sie wissen ja irgendwie Bescheid.

Vor diesem Hintergrund lässt sich ein wesentlicher Glaube, vor dem auch der «Ungläubige» Respekt haben muss, zunächst einmal ganz vorsichtig als *Offenheit* verstehen: eine Offenheit, die ernährt, weil sie positiv gestimmt ist – die ihre Selbstständigkeit nicht aufgibt, weil sie sich Gott zuwendet, ohne sich aus Gott «etwas zu machen», ohne ihn nach eigenen Vorstellungen und Zwecken herzurichten. Wenn Benyoëtz jenen doppeldeutigen Satz: «Nicht jeder Glaube fällt mit Gott zusammen», formuliert, dann hat er all dies im Blick. Denn zum einen liegt in dieser Aussage, dass ein Glaube, der sich eine bestimmte Vorstellung, ein Bild macht, Gott nicht entspricht, mit ihm nicht «zusammenfällt», weil er jeden Rahmen sprengt. Zum anderen aber ist auch ein Glaube gemeint, der nicht aus der Fassung gerät, wenn ihm etwas zugemutet wird: ein Glaube, der nicht zusammenbricht, nicht kollabiert, wenn er Gott zu spüren bekommt wie beispielsweise Hiob.

Das Spannende an Hiob ist, dass – und vor allem wie – er sich in seiner Erfahrung mit Gott entwickelt. Ja, Hiob lernt den Glauben eigentlich erst, indem er selbst echt wird wie keiner seiner

Freunde. Was er am Anfang hat, ist eine Überzeugung, kein Glaube. Und Satan hat recht, wenn er ihm unterstellt, dass er diese Überzeugung verlieren wird, wenn man ihm sein Hab und Gut, seine Kinder und schließlich seine Gesundheit nimmt. War Hiobs Gottesbezug zuerst mehr ein frommes Geschäft, wenn er prophylaktisch opferte, weil seine Söhne bei einem ihrer Feste gesündigt haben könnten, so verwandelt er sich selbst und sein Gottesverhältnis, je mehr ihm zugesetzt wird. Je mehr er leidet und je mehr ihm seine Freunde vorwerfen, dass er wohl etwas Unrechtmäßiges getan haben muss, desto stärker und mit sich selbst eins wird er. Und wenn ihm seine Frau rät, sich von Gott loszusagen und zu sterben, damit seine Leiden ein Ende haben, er aber ausharrt und gerade in seiner Klage Gott unerbittlich sucht, so geschieht mit ihm ein Doppeltes: Hiob tritt aus dem Typus des frommen Rechtschaffenen, der der «Knecht» Gottes ist, heraus und wird zu einer Individualität, die eine ganz persönliche Gottesbegegnung hat. Ja, diese Begegnung ist der Ausdruck einer neuen Gründung Hiobs, in der seine Offenheit und die Offenbarung Gottes zusammentreffen: Hiob schaut Gott von Angesicht zu Angesicht, weil er wie kein anderer nach ihm gefragt hat.

Es ist eine erstaunlich selbstbewusste Offenheit, die diesen Menschen in ein Verhältnis setzt, das über seine kreatürliche Not und Nichtigkeit siegt. Darin liegt sein von der Überzeugung zu einem wesentlichen Glauben verwandelter Gottesbezug, der letztlich auch eine tiefe Selbsterkenntnis ist. Hier verwirklicht sich das Wesen des Menschen, das sonst nur ein ebenso totes Objekt von Wirtschaft, Wissenschaft und Technik ist wie die Ware des Händlers, das Atom des Physikers oder das Gen des Biologen. Echt sein können, kein Überzeugter und kein Besserwisser, das ist die Qualität einer Lebenskraft, die sich ebenso aus dem Glauben ergibt, wie sie ihn andererseits auch erst ermöglicht. In ihr wächst der Mensch über sich selbst hinaus, was immer eine völlig unökonomische Sache ist und jeden Rahmen sprengt.

Seinen fünften Roman *Barnaby Rudge*, der in wöchentlichen Folgen in der Zeitschrift *Master Humphrey's Clock* von Februar bis November 1841 erschien, hatte Charles Dickens als ersten, also vor 1836, konzipiert, und doch ist er der unbekannteste seiner Romane geblieben. Sowohl Kriminalhandlung als auch historischer Roman um die aufsehenerregenden und furchteinflößenden Londoner «Gordon Riots» im Juni 1780 – Dickens setzt den geistig behinderten Barnaby Rudge als Chiffre eines ursprünglichen, aber bedrohten Menschen ins Zentrum seines Mysteriums.

Charles Dickens: Meister Humphrey's Wanduhr. Zweiter Band: Barnaby Rudge
Herausgegeben von Dr. M. Färber.
Im F. W. Hendel Verlag, zu Meerburg am Bodensee, ohne Jahr.
Zehntes Kapitel

Barnaby

«Seht da hinunter», sagte er mit leiser Stimme; «bemerkt Ihr, wie sie sich in die Ohren flüstern, dann hüpfen und tanzen, um einen glauben zu machen, sie spielten nur? Seht Ihr, wie sie einen Augenblick innehalten, wenn sie glauben, dass niemand zusieht, und wieder unter sich murmeln; ... Ich sage – was ist's wohl, was sie miteinander abmachen und aushecken? Wisst Ihr es?»

«Das sind nur Kleider,» entgegnete der Gast, «wie wir sie tragen, sie hängen zum Trocknen an den Stricken und flattern im Winde.»

«Kleider?» wiederholte Barnaby, ihm aus nächster Nähe ins Gesicht sehend und dann schnell zurückweichend. «Ha, ha! Ei, wie viel besser ist es, töricht zu sein als so weise wie Ihr! Ihr seht nicht die schattenhaften Leute dort, gerade wie die, welche im Schlaf leben – nein, Ihr nicht! Da führe ich doch ein lustigeres Leben als Ihr mit all Eurer Gescheitheit. Ihr seid die Dunkelmänner, während wir im Lichte sind.»

Jean-Claude Lin

Leben ist Liebe

Johann Gottlieb Fichte zum 250. Geburtstag

«Liebste Freundinn ...», schreibt Johann Gottlieb
Fichte im Februar 1790, «wie kam es, daß auf den
ersten Blik, die erste Unterredung, mein ganzes
Herz so offen für Sie war, als es vielleicht noch nie
gegen Jemand war? Wie kam es, daß Sie es nicht
sogleich verschloßen? – Wie kommt es, daß wir
einander so gut verstehen?» Seit September 1788
weilt der noch unbekannte, am 19. Mai 1762 in
Rammenau in der Oberlausitz geborene erste Sohn
des Bandwirkers Christian Fichte und dessen Frau
Johanna Maria Dorothea, in Zürich als Hauslehrer.
Sein Studium in Theologie und Jura an den Univer-
sitäten Jena, Wittenberg und Leipzig hat er mangels
Geld abbrechen müssen. Die Tätigkeit als Hauslehrer ist alles andere als befriedigend, doch das
Einzige, was ihm einigermaßen einen Lebensunter-
halt gewährt. Dass er überhaupt eine Schulbildung
hat genießen können, verdankt er Ernst Haubold

von Miltitz aus Oberau, der einmal in Rammenau die Predigt des Pfarrers verpasst hatte und sie nun von dem acht- oder neunjährigen kleinen «Gänsejungen» Johann Gottlieb so ausführlich und verständlich nacherzählt bekam, dass der Adlige ihn zur Pflege und Erziehung zu Pfarrer Krebel nach Niederau brachte und dafür sorgte, dass er später in die Lateinschule in Meißen und auf die Fürstenschule Pforta kam. Nach dem Tod seines Gönners war es aber für den redebegabten Fichte immer schwieriger, ein Studium selbst zu finanzieren, und so begannen seine sehr wechselhaften Jahre als Hauslehrer. In Zürich lernt Fichte die Tochter des angesehenen Wagmeisters Rahn, Halbwaise und Nichte des berühmten Dichters Friedrich Gottlieb Klopstock, kennen. Ab Februar 1790 schreiben sie sich heimlich.

«Meine theuerste Freundinn! ... Ich eile vor allen Dingen auf Ihre Fragen zu antworten. – Ob vielleicht meine Freundschaft für Sie aus Mangel an anderm weiblichen Umgange entstanden? – Hierauf glaub ich entscheidend antworten zu können: Ich habe mancherlei Frauenzimmer gekannt, und bin mit ihnen auf mancherlei Fuß gestanden; ich habe mancherlei empfunden, wo nicht die verschiedenen Grade, doch höchst wahrscheinlich die verschiedenen Arten der Empfindungen gegen ihr Geschlecht glaube ich durchlaufen zu haben; aber noch nie habe ich gegen Eine empfunden, was ich gegen Sie empfinde. So ein inniges Zutraun, ohne Verdacht, dass Sie sich gegen mich verstellen könnten, und ohne Wunsch, mich gegen Sie zu verbergen, so eine Begierde, von Ihnen ganz so gekannt zu seyn, wie ich bin … – so eine wahre Hochachtung für Ihren Geist und Resignation in Ihre Entschließungen habe ich noch nie empfunden.»

Mitte März 1790, als Fichte immer drängender die Notwendigkeit empfindet, dass er sich seiner weiteren Bildung als Schriftsteller und selbstständigem Charakter widmen und deshalb wieder nach Deutschland zurückkehren muss, schreibt er seiner um sieben Jahre älteren «geliebtesten theuersten Freundinn»: «Sie haben ein Geheimniß, ein unerklärliches Geheimniß, immer stärker und fester an sich zu ketten … so wie ich Sie näher kennen lernte, zog mein Verstand und mein Herz mich immer näher zu Ihnen hin, und jezt – zieht sich die Schlinge immer fester zu. Wie machen Sie das? … – O! ich weiß es nur zu wohl. In Ihnen ruht ein Schaz, der sich nur willkührlich eröffnet, – der sich nicht ohne Wahl vergeudet – und einer gleichgestimmten Seele eröffnet er sich immer mehr, und zieht sie an sich.»

Acht Tage vor dem Abschied am Palmsonntag, dem 28. März 1790, schreibt er noch: «... können Sie noch zweifeln, daß ich es weiß, daß die einzige weibliche Seele, die ich am meisten werde schäzen, ehren, lieben, können, gefunden ist?»

Johann Gottlieb Fichte und Marie Johanne Rahn werden sich wohl beim Abschied einander versprochen haben, denn von nun an verwenden sie in ihren Briefen das Du.

Wieder in Leipzig als Hauslehrer tätig, wirft Fichte sich aufgrund einer Anfrage eines Studenten im Spätsommer 1790 in die Philosophie Kants. Für ihn geht mit dem Studium der kritischen Philosophie, insbesondere mit Kants *Kritik der praktischen Vernunft*, eine neue Welt auf. Am 5. September 1790 schreibt er seiner Verlobten: «Sag Deinem theuren Vater, den ich liebe, wie meinen, wir hätten uns bei unsern Untersuchungen über die Nothwendigkeit aller menschlicher Handlungen, *so richtig wir auch geschlossen hätten, doch geirrt, weil wir aus einem falschen Principe disputirt* hätten. Ich sey jezt gänzlich überzeugt, daß der menschliche Wille frey sey ...».

Nach einem Brief vom März 1791 aber, in dem Fichte ihr nahelegt, ihr Herz «einem Würdigern zu schenken», hört Marie Johanne Rahn von ihrem

Ficht, wie sie ihn nennt, nichts mehr. Sie weiß nicht, dass er wieder auf der Suche nach Unterhalt nach Warschau gezogen ist, dass er in Königsberg, Danzig oder Krokow geweilt hat. In Königsberg hat Fichte den Philosophen schließlich persönlich kennengelernt, er sein Erstlingswerk *Versuch einer Kritik aller Offenbarung* verfasst und Immanuel Kant gewidmet. Als das Buch mit Kants Empfehlung zur Ostermesse 1792 erscheint – durch eine List des Verlegers zum Teil ohne Autorennamen –, halten viele Menschen es für das lang erwartete Werk des Königsberger Philosophen selbst. Fichte ist über Nacht ein berühmter Mann – und Marie Johanne Rahn erfährt endlich, dass er noch lebt. Fast zwei Jahre nach seinem letzten Brief, am 11. Dezember 1792, schreibt sie ihm: «Nun hab ichs einmahl erfahren, daß Sie Gottlob noch leben; hab es seit langen, finstern traurigen Zeiten einmahl erfahren; wie mir wurde als ichs erfuhr, mag ich Ihnen nicht sagen, auch nicht wie ich diese Zeit durchlebt habe; ich weiß ja nicht ob Sie's zu wißen wünschen: das weiß aber ich, daß ich mit unaussprechlicher Sehnsucht wünsche zu wißen, was Sie machen, wie Sie sich befinden, wie es *Ihnen* in allen Absichten geht; ob *Sie* vergnügt? ob *Sie* glüklich sind? Mein Herz, das durch keine Veränderung der Zeiten, durch keine Abwesenheit, durch kein langes todtes Stillschweigen sich verändern kann, wünscht mit allem Feuer, der innigsten Freundschaft, daß Sie glüklich seyen; haben Sie auch die Güte gegen mir, es mir zu sagen, daß Sie's seyen, damit ich mich darüber freuen könne … Mein Herz bleibt bis in den Tod, und jenseits des Grabes, immer das gleiche, gegen Sie …»

Man müsste wohl einen Roman schreiben, um die Gefühle auszuloten, die sich in Fichtes Seele beim Lesen dieses Briefes seiner Verlobten regten. Am 16. Juni 1793 war er endlich wieder bei ihr und in ihren Armen. Am 22. Oktober 1793 heirateten sie. Jahre später konnte er am 12. Januar 1806 in der allerersten Vorlesung über die «Anweisung zum seligen Leben» sagen: «… Leben ist Liebe, und die ganze Form und Kraft des Lebens besteht in der Liebe und entsteht aus der Liebe.»* – Und ohne Liebe ist kein Leben.

---

* Diether Lauenstein nennt in der von ihm im Verlag Freies Geistesleben 1962 besorgten Ausgabe Johann Gottlieb Fichtes religionsphilosophisches Hauptwerk *Die Anweisung zum seligen Leben* «eines der tiefsten Bücher der Menschheit. Das Buch ist klar in Gedanken und doch schwer. Wer es liest, und wenn er auch nur mit dem Gefühl etwas davon versteht, wird als religiöser und moralischer Mensch erfasst und tiefer erweckt.»

Im gleichen Jahr (1843) seiner berühmtesten
Erzählung, *A Christmas Carol* (*Ein
Weihnachtslied in Prosa*), erscheint Dickens'
sechster Roman *Martin Chuzzlewit* in
Fortsetzung bis 1844. William Boyd hat den
Roman des gerade mal 31-Jährigen seinen
«witzigsten» genannt, und doch meint es
Dickens mit seiner Entlarvung der menschlichen Selbstsucht bitter ernst. Neben den
beiden Chuzzlewits (Großvater und Enkel)
treten vor allem der herrlich portraitierte
Heuchler Mr. Pecksniff und die unvergesslich
erzählende Hebamme Mrs. Gamp auf.

Charles Dickens: Martin Chuzzlewit
Aus dem Englischen von Carl Kolb,
durchgesehen von Anton Ritthaler.
Winkler-Verlag, München 1958.
3. Kapitel

Martin

«‹... O Selbstsucht, Selbstsucht, Selbstsucht! Bei jedem Schritt nichts als Selbstsucht!›

Als er zu sprechen aufgehört hatte, begann er, mit der Asche des verbrannten Papiers zu spielen, die im Leuchter lag. Anfangs geschah dies in völliger Geistesabwesenheit, aber bald drehten sich seine Gedanken um diese Asche.

‹Wieder ein Testament gemacht und vernichtet›, sagte er; ‹nichts entschieden, nichts getan, und ich hätte heute nacht sterben können! Ich sehe deutlich, zu welch schlimmen Zwecken all dieses Geld zuletzt dienen wird›, rief er, sich im Bett beinah windend. ‹Nachdem es mich mein ganzes Leben lang mit Sorgen und Elend erfüllt hat, wird es nach meinem Tod noch fortfahren, Zwiespalt und böse Leidenschaften zu stiften. Doch so geht's immer. Welche Prozesse sprossen jeden Tag aus den Gräbern reicher Leute auf, säen Meineid, Hass und Lüge unter den nächsten Verwandten, wo nichts sein sollte als Liebe! Gott behüte uns, wir haben viel zu verantworten! O Selbstsucht, Selbstsucht, Selbstsucht! Jeder für sich, und keiner für mich!›

Wie vielseitig ist doch die Selbstsucht! Lag ihr Schatten nicht auch über diesen Betrachtungen und in Martin Chuzzlewits Geschichte, wie er sie selber sah?»

Jörg Ewertowski

Hoffnung, Tod und Sinnerfahrung

In der Mitte des Lebens und über den Tod hinaus

Wenn mir der Optimismus fehlt, ist das nicht so schlimm, wie wenn ich die Hoffnung verliere. Optimismus und Hoffnung richten sich auf ganz verschiedene Ziele und haben deshalb ganz unterschiedliche Tiefendimensionen. Ein in Sachen Hoffnung häufig zitierter Satz Václav Havels spricht davon: «Hoffnung ist im Gegensatz zu Optimismus nicht die Erwartung, dass alles gut ausgeht, sondern Engagement in der Gewissheit, dass es Sinn hat – egal wie es ausgeht.»

Havel unterscheidet zwischen dem «Gut-Ausgehen», worauf der Optimismus setzt und dem «Sinn-Haben», worauf die Hoffnung vertraut. Aber was genau ist «Sinn» im Unterschied zu «gutem Ausgang»? Für mich gründet der Unterschied darin, dass allein der Sinn das Scheitern in sich aufzuheben vermag. So heißt es in Rilkes erster *Duineser Elegie: Denk: es erhält sich der Held, selbst*

der Untergang war ihm / nur ein Vorwand, zu sein:
seine letzte Geburt. Der Untergang des Helden, von
dem bei Rilke die Rede ist, ist der Tod. Der Optimismus will den Tod ausschließen. Die Hoffnung
geht über den Tod hinaus. – Wie gewinnen wir
Gewissheit darin, dass wir, wenn wir auf ein Leben
nach dem Tod hoffen, keinem bloßen Optimismus
anheimfallen?

In der Mitte seines Lebens verirrt sich Dante im
dichten Wald und wird von drei wilden Tieren in die
aussichtslose Enge eines entlegenen Tales gedrängt.
Er begegnet dort dem verstorbenen vorchristlichen
Dichter Vergil, der sich anbietet, ihn vor den drei
wilden Tieren auf einem ungewöhnlichen Weg in
Sicherheit zu bringen. Er will ihn dazu durch einen «ewigen Ort» führen, warnt ihn aber vor den
Schrecken, die ihm dabei begegnen werden. Über
der Pforte, durch die sie gehen müssen, stehen in
einer Schrift von dunkler Farbe die berühmten
Worte: «Lasst, die ihr eingeht, jede Hoffnung fahren.» Sie markieren den Eingang zur Hölle, der aber
für Dante doch auch der Durchgang in den Himmel
sein wird. Vordergründig gelesen beinhalten diese
Worte eine Aussage über die Schrecken der Hölle
gemäß dem mittelalterlichen Weltbild.

Mit der Vorstellung des mittelalterlichen Weltbildes von der Hölle tue ich mir schwer. Ich lese in den berühmten Worten, die dazu auffordern, jede Hoffnung fahren zu lassen, jedoch mehr als nur eine Warnung vor der «Hölle». Es liegt darin für mich ein Hinweis auf einen ganz anderen Tod als den, bei dem ein Leichnam zurückbleibt. Die Mitte seines Lebens und der dichte Wald mit den wilden Tieren – das ist keine bloße Ausschmückung. Dante hat eine außerordentliche «Nahtodeserfahrung» erlebt, eine Einweihung. Eine Einweihung beinhaltet eine grundlegende Erneuerung innerhalb des Lebens, eine Wiedergeburt, die im Durchgang durch eine Todeserfahrung gewonnen wird. Sinnbild für das Sich-Aussetzen einer solchen Todeserfahrung sind die Worte vom Fahrenlassen jeder Hoffnung über der Pforte, durch die Dante geschritten ist.

Alle Hoffnung fahren zu lassen ist eine Art Tod, und wer als Lebender das Totenreich betritt, muss auf diese Weise bereit sein, einen «Tod» zu durchleben. Das Fahrenlassen der Hoffnung ist eine, vielleicht sogar die schwerste Prüfung. Es ist eine dem Tod verwandte Prüfung, weil es die Kraft der Hoffnung ist, die uns unausdrücklich und unterschwellig im normalen Leben aufrecht erhält. Wenn wir sie aufgeben, «sterben» wir. Nur durch eine Auferstehung hindurch kann es dann weitergehen. Es erfordert eine außerordentliche Stärke, auch nur vorübergehend auf die Hoffnung verzichten zu können und dennoch nicht unwiderruflich der Verzweiflung anheimzufallen.

Die Hoffnungslosigkeit ist eine Art Tod. Dessen Bedeutung und Tragweite verstehen wir erst dann richtig, wenn wir die eine Hoffnung von den vielen Hoffnungen unterscheiden gelernt haben. Es ist eine ähnliche Unterscheidung, wie sie Václav Havel zwischen Hoffnung und Optimismus anführt. *Die Hoffnung* (im Singular) ist ihrem Wesen nach immer berechtigt. Sie kann verlorengehen, aber niemals «entlarvt» werden. Entlarvt werden müssen aber die vielen «optimistischen» *Hoffnungen*, denn diese sind illusionär. Alles Illusionäre der vielen Hoffnungen, die wir uns zu Unrecht gemacht haben, muss eingeschmolzen werden, wenn wir zur wahren Hoffnung durchdringen wollen. Aber das ist noch nicht der Tod, durch den Dante gegangen ist, allenfalls seine Vorstufe.

Die Inschrift über der Pforte, durch die Dante als Lebender in das Reich des Todes getreten ist, betrifft auch die Hoffnung im Singular. Sie macht uns darauf aufmerksam, dass der *Sinn* erst im Durchleben der drohenden Sinnlosigkeit errungen wird. In seiner umfassenden Bedeutung ist das

Nadelöhr der Hoffnungslosigkeit ein sinnbildlicher «Tod», durch den hindurch *Sinn* in der Form eines Auferstehungserlebnisses erlangt wird. Dann ist die so wiedererlangte Hoffnung kein passives Erwarten, sondern, wie Havel formuliert, ein aktives «Engagement der Gewissheit».

Aber nun bezieht sich die Hoffnung über all das hinaus auch inhaltlich auf den Tod. Das Urbild von Hoffnung ist die Erwartung eines Lebens nach dem Tod. Und die nachtodliche Hoffnungsperspektive teilt sich innerhalb des christlichen Abendlandes heute in zwei Wege, die sich für viele Menschen gegenseitig ausschließen: Reinkarnation und Auferstehung. Was sich hier wirklich gabelt sind jedoch allein die beiden Abwege der jeweiligen Gefährdungen: Der Reinkarnationsgedanke steht in der Gefahr, das Einzigartige eines Lebensschicksals durch schlecht verstandene Karmagesetze zu rationalisieren und das Individuelle zum abstrakten Wesenskern zu machen. Umgekehrt droht der Auferstehungsglaube, sich symbolisch zu verflüchtigen oder schlechthin irrational zu werden. Aber das sind nur die zwei gegensätzlichen Gefahren, die den Reinkarnationsgedanken und den Auferstehungsglauben jeweils begleiten. Sie gabeln sich tatsächlich – und münden doch beide in eine Sackgasse. Dazwischen verläuft ein «schmaler Pfad», der auf den Horizont zugeht. Es ist der Weg der Hoffnungskraft, der sich im Bewusstsein beider Sackgassen und im Bewusstsein der Problematik der bloß optimistischen Illusion, des bloßen Wunschdenkens, der Frage nach dem nachtodlichen Dasein immer wieder neu aussetzt. Auf diesem Weg lässt sich erfahren: Auferstehungshoffnung und Reinkarnationshoffnung gehören zusammen. Die Auferstehung des Erdenleibes ist seine grundlegende Verwandlung. Sie erwartet uns am «Jüngsten Tag», und zu diesem führt uns der Reinkarnationsweg.* Hoffnung geht auf beiden Wegen durch den Tod hindurch und über ihn hinaus.

---

* Vergleiche hierzu auch Rudolf Steiner: *Der neue Reinkarnationsgedanke*, herausgegeben von Jörg Ewertowski, Verlag Freies Geistesleben, Stuttgart 2011.

Als «Wendepunkt» in Charles Dickens'
schriftstellerischer Laufbahn wird der Roman
Dombey & Sohn von Kennern bezeichnet,
als ein «brillant durchstrukturiertes» Werk
wird es geschätzt. Von seinem siebten
Roman, dessen erste Kapitel im Juli 1846
geschrieben wurden und der vom 1. Oktober
1846 bis zum 1. April 1848 in Fortsetzung
veröffentlicht wurde, sagte Dickens seinem
Freund und Biograph John Forster: «Wenn
irgendeines meiner Bücher in künftigen
Jahren gelesen wird, dann wird ‹Dombey› als
eines der besten in Erinnerung bleiben».

Charles Dickens: Dombey & Sohn,
In der Übersetzung von Christine Höppener.
Erschienen in der Bibliothek der Weltliteratur
bei Rütten & Loening, Berlin 1976.
8. Kapitel

Dombey & Sohn

«‹Papa, was ist Geld?›

Diese jähe Frage stand in so unmittelbarer Beziehung zu Mr. Dombeys Gedanken, dass Mr. Dombey ganz verwirrt war.

‹Was Geld ist, Paul?› sagte er, ‹Geld?›

‹Ja›, antwortete das Kind, während es die Hände auf die Armlehnen seines kleinen Stuhls legte und Mr. Dombey sein altes Gesicht zuwandte, ‹Was ist Geld?›

Mr. Dombey war in Verlegenheit. Er hätte ihm gern eine lange Erklärung über Begriffe wie Zirkulationsmittel, Kurantmünze, nicht kursfähige Münze, Wechsel, eingefrorene Guthaben, Wechselkurse, Marktwert von Edelmetallen und so weiter gegeben …

‹Geld, Paul, vermag alles.› …

‹Alles, Papa?›

‹Ja, alles – nahezu alles›, antwortete Mr. Dombey …

‹Warum hat mir denn das Geld nicht meine Mama am Leben erhalten?› gab das Kind zurück. ‹Ist es böse?›

‹Böse!› sagte Mr. Dombey und zupfte wie höchst aufgebracht über so einen Gedanken an seiner Halsbinde. ‹Nein. Eine gute Sache kann nicht böse sein.›

‹Aber wenn es eine gute Sache ist und alles tun kann›, beharrte der kleine Bursche, während er nachdenklich ins Feuer starrte, ‹dann möchte ich wohl wissen, warum es mir nicht meine Mama am Leben erhalten hat.› …

‹Es kann mich auch nicht kräftig und ganz gesund machen, nicht wahr, Papa?› fragte Paul nach kurzem Schweigen und rieb seine kleinen Händchen. …

Oh, dies alte Gesicht, als es sich wieder zu ihm emporwandte, mit einem halb schwermütigen, halb listigen Ausdruck.»

Andreas Laudert

Selbstlosigkeit oder Vom Du

Es ist immer ein besonderer Schwellenmoment, wenn man einem Menschen, über den man gerade vorher gesprochen hat, plötzlich begegnet. Oder auch wenn zwei Leute, die sich siezten, zum Du übergehen. Man weiß noch nicht: Wird es sich bewähren, wird es passen, wie fühlt es sich an? Vielleicht würde man später lieber wieder zum Sie zurück. Aber es gibt kein Zurück mehr – das Angebot gilt normalerweise nur in einer Richtung. Dabei ist die Wendung «Ich biete dir das Du an» durchaus eigentümlich. Wenn ich jemandem das Du anbiete, biete ich ihm eigentlich mein Ich an. Denn wer bin ich, als Einzelner jemandem «das» Du anzubieten, als gehörte es mir, als verfügte ich über dieses Du? Ich kann dem anderen immer nur meines offerieren. Wo lebt es andererseits, wenn nicht im Dazwischen, in der Interaktion? In bestimmten Ländern und Kulturen ist das Du auch zwischen Fremden ganz normal und das Sie seltsam. Und manch einer duzt alle Welt, weil er hinüberfließt, sich nicht abgrenzen kann. Soll das Du zwischen zweien selbstverständlich werden, muss man eben erst einmal ein Selbst sein, ein Ich.

Man bietet einander das Du an, wenn man Distanz überbrücken will oder sie gefühlsmäßig bereits überwunden ist und man dem auch in der Sprache Rechnung tragen will. Es setzt Vertrauen voraus und auch eine Art geahnter Vertrautheit – beziehungsweise es will diese herstellen. Vielleicht ist ein Gespräch, ein zufälliges Zusammensein unvermittelt angeregt und vertraulich-intim geworden – wie von selbst. Es gibt auch das Phänomen, dass man manchmal einfach nur Zeit miteinander verbringen muss, und plötzlich, ohne dass man es so richtig mitbekommen hat, ist Sympathie entstanden. Es ist wie eine Schwelle, die man unmerklich gemeinsam überschreitet.

Eine ganz andere, eine Schein-Vertrautheit entsteht heute zunehmend dadurch, dass wir über die Fehltritte anderer durch die verschiedenen Medien und Kommunikationsplattformen genauestens informiert werden. Es bringt uns den anderen näher, als wir eigentlich wollen, und versetzt uns zugleich in eine moralische Distanz ihm gegenüber. Wir wissen Bescheid über peinliche Telefonate unseres Bundespräsidenten, über einen Kreuzfahrtschiffskapitän, der um einer Prahlerei willen Menschenleben riskierte, über Beamte, die bei der Tat eines Pädophilen eine schwere Panne zu verantworten hatten – und so reden und spekulieren wir über einander. Die Hemmschwelle, dabei pauschale Urteile zu fällen, sinkt spürbar – wird doch der andere kaum mehr als ein Du erlebt oder angesprochen, außer in der verächtlichen Beleidigung oder von Nahestehenden. Denn dazu bedürfte es einer Art moralischer Selbstlosigkeit gerade der Öffentlichkeit: eine Selbstlosigkeit, die nichts entschuldigt, aber innere Verwandlungen befördern könnte, sodass eine neue Begegnungsqualität entsteht.

In dem berühmten 23. Psalm des Königs David gibt es einen überraschenden Moment, wo die Rede über einen anderen umschlägt in die direkte Ansprache. Liest man unbefangen, scheint es stilistisch eher unvermittelt, wie hier das Er plötzlich zum Du wird, ohne Übergang oder Vorbereitung. Andererseits wirkt es eben doch vorbereitet. Aus dem Reden *über* den ist ein Sprechen *zu* dem anderen geworden. Hat sich jener, den David hier anspricht, durch die Ansprache anwesend gemacht, und David fühlt und reflektiert es, wandelt sich dabei auch selbst, als Sprecher? Vielleicht ist gerade dieser Psalm so berühmt, weil, worüber gesprochen wird, sich im Text ereignet. Der rhetorische Dank für die Hilfe eines Du, das zuvor in biblischer Diktion als Herr beschworen wird, verdichtet sich derart, dass sie innerlich entsteht und ins Wort tritt – und zwar nicht als Fazit, sondern dort, wo das Gedicht zum ersten Mal von Not erzählt, im finsteren Tal. David macht dabei nicht wirklich kenntlich, obwohl es natürlich naheliegt, dass es sich bei der intimen Begegnung um den Herrn handelt. Es ist einfach ein Du, das Du als Prinzip, als selbstloses Gegenüber. – Im Schlussvers geht David wieder über in die dritte Person, in die Verallgemeinerung. – Die einsamen Schluchten sind heute die Finsternisse, durch die der öffentlich Gebrandmarkte irrt. Über die Missgeschicke eines anderen kann man sich im Freundeskreis oder auf Facebook lustig machen oder empören. Man kann den Daumen heben oder senken. Und schon hat man – verfügt man über die entsprechende Macht – selbstgewiss den Stab über dem anderen gebrochen. Ich kann ihm aber auch mein Du als einen Stab anbieten, an dem er sich aufrichten kann.

Dazu muss mir mein eigenes Selbst wie probeweise *ungewiss* werden. Ich muss meine Gewissheiten fallenlassen, auch die über mich selbst. Diese andere Art der Selbstlosigkeit bedeutet, sich selber einmal in die Abgründe und finsteren Täler zu begeben, eben in dieses Nadelöhr, in den Schwellenmoment. Möglicherweise kann mir Vergleichbares passieren, auch wenn ich mich zu kennen glaube und es mir im Moment ganz fern erscheint. In dieser Selbstungewissheit komme ich dem anderen auf intime Weise für einen Moment nahe - und bin tatsächlich der *Nächste*.

In der christlichen Tradition verkörpert der Menschensohn jenes Du. Der Gott des Alten Testaments war noch fern und unpersönlich: ein Herr als «über» uns Stehender. Aber wenn das Du einfach der Bruder ist, der Mitmensch, der sich mir zuwendet, der die Hölle kennt – den, wie es neuerdings heißt, *shitstorm* –, dann wird es zweitrangig, welche religiöse Terminologie man damit verbindet. Dann ist es ein echtes Angebot.

Der Herr ist mein Hirte, / mir wird nichts mangeln. // Er weidet mich auf einer grünen Aue / und führet mich zum frischen Wasser. // Er erquicket meine Seele, / er führet mich auf rechter Straße, um seines Namen willen. // Und ob ich schon wanderte im finsteren Tal, / fürchte ich kein Unglück, / denn du bist bei mir, / dein Stecken und Stab trösten mich. // Du bereitest vor mir einen Tisch / im Angesicht meiner Feinde. // Du salbest mein Haupt mit Öl, / und schenkest mir voll ein …

Die 64 Kapitel der *Lebensgeschichte und
Abenteuer, Erfahrungen und Beobachtungen
David Copperfields des Jüngeren* erschienen
ab Mai 1849 bis November 1850 in 19
monatlichen Folgen. Sie bilden Charles
Dickens' achten Roman, der «von allen
Dickens-Romanen dem Mainstream des
europäischen Realismus am nächsten» kommt,
wie Hans-Dieter Gelfert in seiner Biographie
Charles Dickens, der Unnachahmliche notiert.
«Ob ich als Held meines eigenen Lebens
gelten kann oder ob ein anderer diesen Platz
einnehmen wird, sollen diese Blätter zeigen»,
schreibt Dickens zur Eröffnung seines viele
Gemüter bewegenden autobiographischen
Entwicklungsromans.

Charles Dickens: David Copperfield
Insel Verlag, Frankfurt am Main 1980.
Schlussworte

Agnes

«Und wie ich, trotz meinem Wunsche, noch zu verweilen, mein Werk schließe, verschwimmen diese Gesichter. Aber ein Gesicht, das auf mich niederscheint wie ein himmlisches Licht, durch das ich alles andere sehe, ist hoch über ihnen. Und das bleibt.

Ich wende mich um und sehe es in seiner schönen, heiteren Ruhe neben mir. Meine Lampe brennt dunkel, und ich habe bis tief in die Nacht hinein geschrieben; aber das teure Wesen, ohne das ich nichts wäre, leistet mir Gesellschaft.

O Agnes, o meine Seele, möge dein Gesicht auch neben mir sein, wenn ich wirklich mein Leben beschließe, möge ich dich, wenn die Wirklichkeiten der Erde vor mir verschwinden wie die Schatten, die ich jetzt verlasse, noch immer neben mir finden, mit der Hand gen Himmel deutend.»

Frank Berger

Leichtigkeit

Zu Claude Debussys 150. Geburtstag

Als ich mein Klavierstudium in den Niederlanden begann, verdonnerte mich mein Professor von Anfang an dazu, viel Debussy zu spielen. Begründung: «Ihr Deutschen tut euch schwer mit der Art von Subtilität, die diese Musik erfordert. Debussys Element ist die perlende Leichtigkeit, Schwerelosigkeit, verbunden mit Geschmack und Esprit.»

Er hatte recht und unrecht zugleich: Denn es gab große deutsche Pianisten wie Walter Gieseking oder Werner Haas, die geradezu göttlich Debussy spielten. Und ja: Wer in die Welt von Claude Debussy eindringen will, muss viel Gewohntes hinter sich lassen, bereit sein, sich in unbekannte Gefilde vorzuwagen und dort neue Fähigkeiten zu entwickeln.

Wer sich brav Bach, die Klassiker und die großen Romantiker erarbeitet hat, gerät bei der Begegnung mit Debussys Musik zunächst ins Schwimmen, manchmal auch ins Schleudern. Ins Schwimmen, weil es – in den Werken seiner Reifezeit – harmonisch nur noch wenig gibt, was dem traditionsgeprägten Ohr den gewohnten Halt bietet: Debussy hat eine Klangwelt entwickelt, die mehr aus Farben denn aus fest verketteten Akkorden besteht, und es ist diese Seite seiner Musik, die gemeinhin als «impressionistisch» bezeichnet wird. Ins Schleudern, weil die Welt, die hier betreten wird, zunächst ein Gefühl hervorruft, als befände man sich unter Einfluss einer starken Fliehkraft auf einer abschüssigen, eisglatten Straße ohne Geländer oder Leitplanke. Ich habe immer wieder Menschen kennengelernt, die schilderten, wie sie beim Hören dieser Musik in einen unangenehmen seelischen «Zwischenzustand» gerieten, ohne Bodenhaftung und ohne klare Orientierung. Hier hilft nur: Schwimmen oder Fliegen lernen.

Debussy war, so kann man aus den Zeugnissen seiner Zeitgenossen folgern, die lebendige Inkarnation extrem gegensätzlicher Qualitäten: «Er ist ganz ungestüm und zugleich schüchtern. Seine Neigungen und Antipathien spricht er mit unverblümter Offenheit aus. Er ist außerordentlich reizbar. Eine Kleinigkeit kann ihn in die freudigste Stimmung versetzen. Eine Kleinigkeit kann ihn tagelang niedergeschlagen sein lassen. Er ist misstrauisch ge-

86

genüber der Welt. Darum begegnet er ihr mit einer Schroffheit, die vor allem ein Schutzwall gegenüber der eigenen Sensibilität ist. Mit all seinen brüsk zur Schau getragenen Eigenarten hat er etwas Faszinierendes für feiner organisierte Naturen.»

Er gibt sich einerseits äußerst aristokratisch wie ein Grandseigneur, pflegt einen erlesenen, feinen Geschmack und liebt seltene und raffinierte Dinge. Bis in seine Studentenzeit schreibt er sich, offenbar um einen Adel anzudeuten, den er als sein eigentliches Wesen empfindet, «de Bussy» und führt lange seinen zweiten Namen Achille – nach dem nahezu unverwundbaren griechischen Helden – als Hauptnamen. Doch dieser Achille de Bussy, geboren am 22. August 1862 (verstorben am 25. März 1918 in Paris), kommt aus einfachsten Verhältnissen und hat nie eine Schule besucht (die Grundschulpflicht wurde in Frankreich erst 1882 eingeführt). Sein Vater hatte ursprünglich einen kleinen Porzellanwarenladen, mit dem er irgendwann scheiterte, wonach er als Buchhalter bei einer Pariser Eisenbahngesellschaft unterkam. Durch besondere Fügungen wird das musikalische Talent des Jungen entdeckt; es findet sich eine reiche Gönnerin, die für die erste pianistische Ausbildung sorgt, und schon 1872 besteht er die Aufnahmeprüfung am Pariser Conservatoire.

Dort zeigt der «wilde Junge», der nach Aussagen seiner Mitstudenten wie ein typisches Arbeiterkind wirkt, ein sehr eigenwilliges Temperament, lässt sich nur ungern korrigieren, verachtet jede Zucht, läuft Sturm gegen jeglichen Akademismus.

Als er, Jahre später, als Stipendiat des begehrten «Rompreises», der Akademie nicht die Zusage abtrotzen kann, eine bestimmte Komposition seiner Wahl auf das Programm eines Festkonzerts mit Werken der Laureaten zu setzen, zieht er kurzerhand die Konsequenz – «entweder alles oder nichts» – und boykottiert das ganze Konzert. Zur feierlichen Preisverleihung erscheint er erst gar nicht.

Verschlossen, wortkarg, sprunghaft, launisch, eigensinnig, schroff und zu Wutausbrüchen neigend, gerne träumend, bummelnd, in kontemplatives Brüten versunken – es ist gerade diese ungewöhnliche Persönlichkeitsprägung, die Debussy zum querständigen, stets im Konflikt mit allem Akademisch-Herkömmlichen stehenden Bohemien macht und ihn dafür prädestiniert, unbekümmert und kühn in musikalisches und seelisches Neuland vorzustoßen. Eine angepasste, konventionelle Natur hätte wahrscheinlich weder die Kraft noch den Weitblick und die Originalität entwickelt, deren es dazu bedurfte. Einer seiner Biografen, der Komponist Jean

Barraqué, charakterisiert diesen geheimnisvollen Zusammenhang hellsichtig: «Ihm war jede Fessel, jede Verpflichtung nicht nur unerträglich, sondern zugleich ein Angriff auf seine geheimsten Lebenskräfte.»

Die Welt der «Lebenskräfte» – sie ist tatsächlich der Schlüssel, der uns die eigentliche Tür zur Musik Debussys öffnet. Schon als Stipendiat in der Villa Medici in Rom schreibt er über seine Komposition *Printemps (Frühling)*: «Der Frühling wird nicht mehr im deskriptiven Sinne, sondern menschlich aufgefasst. Ich möchte das langsame und schmerzvolle Entstehen der Wesen und Dinge in der Natur ausdrücken. Dann ihre aufsteigende Entwicklung bis zu einem abschließenden Freudenausbruch über die Wiedergeburt zu einem irgendwie erneuerten Leben ...» 1894 erregt Debussy Aufsehen mit dem Orchesterprélude zum *Nachmittag eines Fauns* nach dem Gedicht von Stéphane Mallarmé, das die Träume und erotischen Begierden eines Naturwesens ausdrückt: «Ermüdet davon, die furchtsamen Nymphen und scheuen Najaden zu verfolgen, gibt er sich einem Höhepunkt der Lust hin, zu dem der Traum eines endlich erfüllten Wunsches führt: des vollkommenen Besitzes der ganzen Natur.»

Ab jetzt werden die geheimnisvollen und verborgenen Kräfte der Natur die Achse seines Schaffens bilden und eine Stimme bekommen: *Die Feen sind exquisite Tänzerinnen, Tote Blätter, Klänge und Düfte erfüllen die Abendluft, Der Wind in der Ebene, Clair de lune, Undine, Syrinx, Nebel, Reflexe auf der Wasseroberfläche.* In *La Mer* hören wir das *Spiel der Wellen* und werden Zeugen eines *Dialogs zwischen Wind und Meer.* Und das *Nocturne Sirènes* ist «das Meer und sein unendlicher Rhythmus; dann erklingt, lacht und vergeht aus den vom Mondlicht versilberten Wellen der geheimnisvolle Gesang der Sirenen.»

Debussys Musik wirkt magisch. Als ich neulich seine Suite bergamasque spielte, flog durchs geöffnete Fenster, angezogen von den geheimnisvollen Klängen, eine Meise in mein Zimmer und setzte sich auf den Flügel …

Ein Mal nur versetzte sich Charles Dickens
zumindest für Teile eines seiner 15 Romane
als Ich-Erzähler in die Gestalt einer Frau.
Esther Summerson heißt sie. Doch wer sie ist
und woher sie kommt, bleibt ihr und dem
Leser lange ein Rätsel. Und Rätsel enthält
Dickens' neunter meisterhaft komponierter,
von sprühender Energie und Erfindungsgeist
beherrschter Roman reichlich viele. Von
März 1852 bis September 1853 erschien *Bleak
House* in 19 monatlichen Folgen. Er wurde
damals eines seiner meist gelesenen Romane.
Im Vorwort zur Buchausgabe war ihm wichtig
zu betonen, er habe in *Bleak House* besonders
auf die romantische Seite alltäglicher Dinge
hinweisen wollen.

Charles Dickens: Bleak House
Aus dem Englischen von Richard Zoozmann.
Insel Verlag, Frankfurt am Main 1988.
3. Kapitel

Esther

«Meine liebe alte Puppe! Ich war als Kind so in mich gekehrt und scheu, dass ich selten den Mund auftat und niemandem mein Herz auszuschütten wagte. Ich muss fast weinen, wenn ich daran denke, welch ein Trost es für mich war, wenn ich aus der Schule nach Hause kam, hinauf in mein Kämmerchen laufen und sagen konnte: ‹Ach, meine liebe, gute Puppe, ich wusste, dass du mich erwartest!› Und dann setzte ich mich auf die Diele nieder, stützte den Ellbogen auf ihren Armstuhl und erzählte ihr alles, was ich betrachtet hatte, seitdem wir uns nicht gesehen hatten. Ich hielt von jeher die Augen offen, aber ich fasste durchaus nicht rasch auf, sondern beobachtete still, was vor meinen Augen geschah, und wünschte mir, es besser verstehen zu können. Etwas rasch zu begreifen ist ganz und gar nicht meine Art. Nur wenn ich jemand sehr gern habe, ist es anders. Aber das kann an meiner Eitelkeit liegen.»

Andreas Altmann

Freundlichkeit

Ich gehöre zu den Weicheiern, die sich vor Gewalt
fürchten. Zudem heule ich etwa zwanzig Mal pro
Tag einer Tugend hinterher, die verschwunden
scheint. Oder nur noch als Restposten vorkommt,
sporadisch, zufällig. So habe ich schon vor Jahren
beschlossen, ihn, den Rest, zu retten, bescheidener formuliert, jenem kleinen Häuflein Verwege-
ner beizutreten, die ohne sie, ohne diese schöne
Tugend, nicht leben wollen, nein, nicht können:
die Freundlichkeit. Als Reisender erst recht nicht.
Als Heimatloser mitten unter fremden Frauen und
Männern, fern aller Freunde, fern aller beruhigen-
den Fixpunkte, bin ich wie ein ausgesetzter Hund
von ihr abhängig: *the kindness of strangers*. Ohne sie
vereise ich. Jeder Akt der Unfreundlichkeit macht
mich – wie jeden von uns – einsamer. Weil dann
die Nähe zum anderen, so kurzfristig, so flüchtig
die Begegnung auch sein mag, nicht funktioniert.
Die Wärme fehlt, das Spielerische, wieder einmal
der Swing.

Das dümmliche Gerede geht um, dass Höflichkeit Verlogenheit bedeute. Klar bedeutet sie das, wenn ich jemanden anstrahle, den ich für einen Schandfleck unter den Sterblichen halte. Oder strahle, weil ich jemanden abzocken will. Aber dann heißt mein Verhalten nicht Höflichkeit, sondern Gier oder Skrupellosigkeit oder Gesinnungshurerei. Natürlich hat höfliches Benehmen – das fremde, das eigene – auch einen «Hintergedanken»: dass es uns beiden – wer immer der andere sein mag – gut geht. Dass wir den einen gemeinsamen Augenblick, vielleicht einzigen in unserem Leben, mit Leichtigkeit meistern.

Bisweilen überkommt mich das Gefühl, dass der Prolo die Weltherrschaft übernommen hat. Im Inland, im Ausland. «Mineralwasser!», bellt er. Oder «Bier!» Oder «Zahlen!» Sein Auftreten hat etwas von einem Imperator. Auch zieht er gern den Rotz durch die Nase. Oder redet hemmungslos in sein Handy. Mitten unter Wildfremden lässt er uns wissen, dass er gestern wegen einer Schuppenflechte beim Arzt war, «direkt unter der linken Achsel». Irgendwann haben alle im Zugabteil erfahren, dass er wieder einmal – «Scheiße!» – beim Eurolotto die falschen Zahlen getippt hat. Und dass er die neue Staffel von *Sex and the City* – maßgeschneidert für die geistig Unterdotierten aller Länder – «supergeil» findet.

Ja, das zwangsweise Mithören anderer Leute Leben – wenn es wenigstens fetzig wäre oder voll beflügelnder Gedanken oder gebeutelt von bewegendem Unglück – gehört zu den Pestbeulen moderner Zeiten. Wie ein Virus verseucht es die Diskretionszonen anderer.

Höflich sein – Freundlichkeit und Höflichkeit sind schwer verwandt – geht anders. Es hat mit einer Eigenschaft zu tun, die sich Empathie nennt. Unterwegs kann man sie stündlich trainieren: seine Umgebung spüren, sie wahrnehmen. Im vorliegenden Fall begreifen, dass meine Abszesse, meine Nieten und mein Geschmack (wenn es denn einer ist) niemanden etwas angehen, sprich, niemanden interessieren. Am liebsten sind mir Reisende, die in meiner Nähe lesen oder staunend zum Fenster hinausschauen oder sich (verhalten) beschmusen oder einander Geschichten 10erzählen, von denen man wünschte, sie würden lauter verbreitet.

Empathisch mit dem Rest der Welt umgehen! Wäre ich Diktator, ich würde den Ausrufesatz als Pflichtfach einführen. Als meinen Beitrag zur Rettung des Planeten und seiner Bewohner.

Eigentlich haben es Reisende leichter, durch Höflichkeit aufzufallen. Weil sie ja hochgestimmt sind, weil sie sich in einem Ausnahmezustand befinden. Sie dürfen die Welt besichtigen, während andere – die vielen anderen – nicht vom Fleck kommen: weil ohne Zeit, ohne Geld, ohne Kraft.

Ich bin gerührt wie ein Kind am Geburtstagstisch, wenn ich den kleinen Gesten der Ritterlichkeit begegne. Wenn ich Zeitgenossen dabei beobachte, wie sie ihren Platz anbieten. Bereit sind zu stehen, damit der andere sich setzen kann. Wenn sich eine so altmodische Eigenschaft wie Respekt vor dem Alter zeigt. Auch aus dem Bewusstsein heraus, dass der andere schon länger am Leben ist, schon länger kämpfen und schuften musste. Einer steht für einen anderen auf, ein Starker hilft einem, der gerade eine Prise Mitgefühl braucht. Füttert das nicht das Herz eines jeden, der Ziel dieser Aufmerksamkeit ist?

Ich erinnere mich an ein Mittagessen in einem Londoner Restaurant. Als ich das Lokal verließ, sah ich eine ältere Dame beim schwierigen Versuch, ihren Mantel anzuziehen. (Der Hinweis auf das ungefähre Alter ist wichtig, damit ersichtlich wird, dass mich keine hundsgemein niedrigen Instinkte trieben.) Da ich mich selbst gerne als Ritter sehe, eilte ich hinzu, um ihr zu helfen. Und was passierte? In Todesangst sprang sie zur Seite, fest davon überzeugt, gerade Opfer eines Überfalls zu werden. Soweit sind wir also: Mitten am helllichten Tag, mitten in einer zivilisierten Umgebung kommt keiner auf die Idee, dass ihm ein (bescheidener) Akt der Hilfsbereitschaft widerfahren könnte.

Ja, es wird noch absurder. Szenenwechsel. Ich öffne eine Tür und sehe, dass mir von der anderen Seite jemand entgegenkommt. Blitzschnell entscheide ich, die Tür aufzuhalten, bis der andere durchgegangen ist. Dabei handelt es sich bei ihm (bei ihr) um einen ganz «normalen» Menschen. Weder Greis noch Rollstuhlfahrer noch atemberaubend attraktiv. Und wie reagiert der Ochse, die Kuh? Geht ohne cooles Kopfnicken vorbei, ohne Blick, ohne Danke, wohl fest davon überzeugt, dass ich hier herumstehe, um den Schnöseln dieser Welt als *doorman* aufzuwarten.

Immerhin kann man via solcher Erfahrungen etwas lernen: dass die Prolos – sagen wir, all jene, deren Herzensbildung nie stattfand oder über die Jahre versiegte – aus allen Schichten kommen. Quer durch alle Altersgruppen, egal auch, ob hochgradig blöd oder akademisch gebildet, in Sandalen oder in Nadelstreifen, mit einem Watschengesicht oder unerhört schön. Ich wundere mich stets aufs Neue, dass ich noch immer nicht vom Äußeren auf die Innenwelt eines Menschen schließen kann. Jeder und jede überraschen mich. Immer wieder.

Ob Reisende, statistisch gesprochen, eleganter mit anderen umgehen, auch das weiß ich nicht. Ich vermute aber, dass sie es sollten. Denn ohne dieses Vademecum Höflichkeit kommen sie nicht weit. Hier ein Beispiel, eher nicht empfehlenswert: In einem Café in Venedig saß ein junger Kerl, in Hörweite von mir, die Zeitschrift *Kicker* lag vor ihm. Der Kellner kam auf ihn zu und fragte ihn nach seinem Wunsch. Um die Antwort unseres Mannes aus Quakenbrück besser zu verstehen, soll erwähnt werden, dass der Ober (auch) deutsch sprach. Mit Fehlern, aber passabel. So sagte der eine: «Was wünschen bitte Sie?» Und so antwortete der andere: «Du mir bringen eine Kaffee!» Drei Fehler mit fünf Wörtern, das ist nicht schlecht: Kein Bitte, kein Sie, kein korrektes Deutsch. Vielleicht hatte er seine Auftritte vom eigenen Vater abgeschaut, beim heimischen Wirtshausbesuch. Vielleicht fand er sich umwerfend witzig. Wie auch immer. Da ich Fremdschämen nur bedingt ertrage, zudem grundsätzlich allergisch auf diese bayerische Hinterwäldler-Duzerei reagiere, habe ich mir erlaubt, ihm zwei Zettel an den Tisch zu tragen. Als meinen Beitrag zur Verschönerung der Welt, da stand: «Lernen Sie bitte heute noch auswendig: ‹Es lebe die Würde des Menschen› und «Sagen Sie beim nächsten Mal einfach: ‹Bitte bringen Sie mir einen Kaffee.›» Oft halte ich den Mund, aber manchmal muss ich ein Stoppschild aufstellen. Ob ich das Recht dazu habe, ist mir vollkommen egal. Ich tue es einfach.

Noch ein Beispiel. Da musste ich mich nicht fremdschämen, da reichte es völlig, dass ich mich schämte. Über mich. Auf dem Hauptpostamt in Lima: Ich ging zum «poste restante»-Schalter, um einen Brief, einen Liebesbrief, abzuholen. Dachte ich. Von wegen. Ich fragte und keine Post lag für mich bereit. So verlor ich die Nerven, denn entgangene Liebeszeilen schaffen Stress. Und ich fing an, den armen Angestellten zu beschimpfen. Dass er nicht richtig geschaut habe. Dass er nicht richtig gelesen habe. Dass er nicht richtig sortiert habe. Dass er den Vornamen mit dem Nachnamen verwechselt habe. Ich war ziemlich fantasievoll im Begeifern eines Unschuldigen (er war es tatsächlich, so erfuhr ich vier Wochen später). Das Aufregende an der Situation aber war dieser Mann, der zu Unrecht verdächtigte. Wie ein Zen-Meister ließ er den Fehdehandschuh liegen und blieb auf geradezu provozierende Weise gelassen, ja freundlich. Nicht um eine halbe Note stieg seine Stimme, die jeden neuen Angriff mit erstaunlicher Ruhe parierte. Und erklärte. Soweit man einem Wichtigtuer etwas erklären kann. Zudem blickte er mich unverwandt an, ohne einen Funken Zorn in den Augen. Ein heiliger Peruaner, unschlagbar.

Als ich mich schließlich mit einer wütenden Handbewegung abdrehte und Richtung Ausgang eilte, geschah es: Der Postler hatte mich weichgespült, mich mit Sanftmut erledigt. Die Macht der Nachsicht, ziemlich unheimlich. Zweihundert Meter hielt mein Widerstand noch durch, dann musste ich umdrehen und mich bei ihm entschuldigen. Er lächelte nur, meinte cool: «No se preocupe», machen Sie sich keine Sorgen. Wie ein Anfänger, dem jemand eine Lektion Leben erteilt hatte, schlich ich davon.

Ich will es nicht übertreiben mit den Aufrufen zur Lebensform eines Gentleman (*a man who is gentle*: mild, vornehm, behutsam). Es kommen Gelegenheiten, da verpuffen die Kräfte der Vornehmheit und ein reality check muss her. Um zu erkennen, dass jetzt nur rohe Kräfte taugen. Nehmen wir eine Haltestelle in Shanghai. Wohlerzogen hintereinander aufstellen und der Reihe nach einsteigen funktioniert hier nicht. Schneller kommt einer weg, wenn er sich an sein früheres Leben als Boxer erinnert, zum Beispiel. Oder an seine Begabung als gnadenloser Drängler. Berufe, die definitiv hier helfen, einen Bus zu entern. Wer nicht grob werden will, der muss eben warten. Bis die 1,3 Milliarden Chinesen vor ihm abgefahren sind.

Jeder weiß es: dass Lächeln an manchen Orten nicht funktioniert. Wie vor einem Rezeptionisten, der behauptet, das Hotel sei voll. Erst nach Hinterlegung von Extramoney gibt es noch ein «letztes Bett». Er gehört zu jener Spezies, die dem Reisenden in immer neuen Uniformen begegnet. Als Zöllner, als Visum-Beamter, als Schaffner, als Soldat. Sie besitzen etwas, das selbst – hat jemand Pech – mit Charme und (korrekter) Bezahlung nicht zu haben ist: ein Zimmer, einen Stempel, ein Dokument, ein Ticket, eine Passage. Hier amtshandeln – in Amt und Würden – Korrumpierte, die sich mit keinem Lächeln kaufen lassen, nur immer mit Banknoten. Bisweilen hilft ein Bluff, eine frech vorgetragene Drohung, eine Finte, eine waghalsige Lüge. Aber meist nicht. So wenig wie eine Einladung zur Höflichkeit. So ist Zahltag. Weil einer Macht hat und sein Gegenüber augenblicklich machtlos ist.

Aber es gibt noch eine andere Rasse, die nie eine Uniform schmückt. Auch keine Machtposition. Und

die sich trotzdem von keiner Galanterie beschwich-
tigen lässt. Man findet sie auf allen fünf Kontinen-
ten: Jene Männer und Frauen, die kein Glück hatten im Leben. Weil sie – ein möglicher Grund für
ihr Unglück – hartnäckig der Freundlichkeit aus
dem Weg gingen. Weil sie schon vergessen haben,
dass sie als so einfaches, so preisgünstiges Rezept
taugt, um mit den Anwürfen des Lebens (lässiger)
fertig zu werden. Die Herzkammern der Freudlosen
sind bereits verschweißt. Sie sprühen nicht mehr,
ja verweigern sich jedem Signal von außen. Tote
Hosen, tote Röcke, tote Seelen. In diesem Fall – und
der Rat gilt für die Fortgeschrittenen unter uns –
muss einer eisern entschlossen freundlich bleiben.
Darf auf keinem Fall gegen die Herztoten in den
Krieg ziehen. Den Postbeamten in Lima könnte ich
als Vorbild nennen. Vielleicht funkt es doch zwischen den beiden, die sich gerade begegnen, vielleicht schmilzt doch der eine oder die andere. Und
taut. Und erinnert sich an heiterere Zeiten, heitere
Umgangsformen.

Aldous Huxley soll zuletzt sprechen. Die
folgenden Sätze wirken wie Wunderpflanzen aus
dem fernen Amazonien: Wer sie lange genug kaut,
hebt ab. Mühelos, leichtfüßig, beschwingt. Ja, auch
der englische Autor (*Schöne neue Welt*) hat innig su-

chen müssen, bis er wusste, was zählt. Hier steht es: «Es ist mir fast peinlich. Aber nach all den Jahrzehnten der Suche, nach den vielen spirituellen und psychologischen Wegen, die ich kennengelernt habe, nach all den zahlreichen, großen Meistern, denen ich begegnen durfte, bin ich zu folgendem Schluss gekommen: Die machtvollste und zuträglichste Praxis ist wohl, sich selbst und dem gesamten Universum freundlich zu begegnen.»

Sehr emphatisch eröffnet Charles Dickens seinen zehnten Roman *Schwere Zeiten*, den kürzesten seiner vierzehn abgeschlossenen Romane. Die parabelartige Geschichte erschien in wöchentlichen Fortsetzungen von April bis August 1854. Für die Kinder des Schulleiters Thomas Gradgrind aus Coketown, Tom und Louisa, wird diese Philosophie der «Tatsachen» zum Verhängnis. Erst durch die Begegnung mit dem Zirkusmädchen Cecilia (Sissy) Jupe und dem Zirkusdirektor Sleary wird dem ereifernden Schulleiter nach vielem Leid allmählich bewusst, dass der Mensch ohne Phantasie, ohne Empathie und die heiteren «nutzlosen» Unterhaltungen des Lebens nicht menschlich leben kann.

Charles Dickens: Schwere Zeiten
Aus dem Englischen übersetzt
von Ulrike Jung-Grell.
Philipp Reclam jun., Stuttgart 2011.
Die ersten Sätze.

Thomas Gradgrind

«Hören Sie, alles, was ich will, sind Tatsachen.
Bringen Sie diesen Jungen und Mädchen Tatsachen
bei, und weiter nichts. Was man im Leben braucht,
sind Tatsachen. Pflanzen Sie nichts anderes ein,
und reißen Sie alles andere mit Stumpf und Stiel
aus. Nur mit Hilfe von Tatsachen können Sie den
Verstand vernunftbegabter Kreaturen heranbilden.
Das ist alles, was ihnen in Zukunft von Nutzen
sein wird. Nach diesem Prinzip erziehe ich meine
Kinder, und nach diesem Prinzip erziehe ich diese
Kinder hier. Halten Sie sich an die Tatsachen, Sir.»

Walther Streffer

Willenskraft

Zum 500. Jubiläum des Sixtinischen
Deckenfreskos Michelangelos

Im Alter von fast dreißig Jahren wurde Michelangelo im Februar 1505 von Julius II. nach Rom
berufen. Der Papst hegte den Plan, sich ein pracht-
volles Grabmal errichten zu lassen. Insgesamt sollten mehr als 40 lebensgroße Skulpturen einen frei-
stehenden riesigen Marmorquader von etwa 10 x 7
Metern in zwei Etagen umgeben. In einer Höhe von
über 9 Metern sollte der Papst thronen. Für das Un-
tergeschoss waren vor allem gefesselte Gefangene
und die Personifikationen der Künste vorgesehen;
auf der Attika, dem niedrigen Obergeschoss, sollten vier gewaltige Gestalten wie der *Moses* Platz
finden. In der Skulptur dieses großen Mensch-
heitsführers scheint die gewaltige Willenskraft seines Schöpfers selbst verkörpert zu sein. Welcher
andere Bildhauer seiner Zeit hätte es gewagt, ein
monumentales Unternehmen wie das *Juliusgrab-*

mal allein in Angriff zu nehmen? Michelangelo war ein Mann der Tat und von außerordentlicher Schöpferkraft beseelt. Er fuhr sobald als möglich (im Mai 1505) voller Enthusiasmus in die für ihren weißen, makellosen Marmor berühmten Steinbrüche von Carrara, etwa 110 km nordwestlich von Florenz. Ernst Gombrich hat in seiner lebendigen Darstellungskunst den Seelenzustand Michelangelos einzufangen versucht:

«Der Anblick all dieser Marmorfelsen überwältigte den jungen Bildhauer. Sie schienen nur auf seinen Meißel zu warten, um sich in Statuen zu verwandeln, wie sie die Welt noch nie gesehen hatte. Michelangelo blieb mehr als sechs Monate in den Brüchen, wählte aus, verwarf und kaufte, während sich die Gestalten in seiner Phantasie drängten. Er wollte diese Figuren aus dem Marmor erlösen, in dem sie schlummerten.»

Michelangelos ausgeprägter Wille zeigte sich schon sehr früh. In der Lateinschule hatte er große Freude am Zeichnen und wollte in die Werkstatt Domenico Ghirlandaios gehen. Der Jüngling musste sich gegen den Stolz des Vaters durchsetzen, der ihn als zukünftigen Beamten sah, denn Maler genossen damals als Handwerker wenig Ansehen. Bereits nach einem Jahr wechselte Michelangelo seinen Lehrplatz und lernte im Skulpturengarten von San Marco die Kunst der Bildhauerei. Er war Hausgast bei Lorenzo de Medici, dem Herrscher von Florenz, und hatte somit im Palast Gelegenheit, die gelehrten Freunde seines väterlichen Mentors und deren neuplatonische Gedanken kennenzulernen. Und er wurde vertraut mit den Ideen des geistig überragenden Pico della Mirandola, dessen Schrift *Über die Würde des Menschen* zu den berühmtesten Texten der Renaissance zählen sollte, weil Pico die Willensfreiheit zum zentralen Thema der Menschenwürde erklärt hatte.

Michelangelo war 1505 nicht zum ersten Mal in Carrara. Acht Jahre zuvor hatte er dort den großen Marmorblock ausgesucht, um die römische Pietà zu meißeln, bei deren Anblick die Italiener in ehrfürchtiges Staunen gerieten, dass ein junger Bildhauer dem harten Marmor eine derart lebendige Innigkeit zu verleihen vermochte. Kurze Zeit danach erfolgte ein neuer Auftrag aus Florenz. Aus einem verhauenen mächtigen Marmorblock, der seit mehr als 35 Jahren in der Dombauhütte lag, sollte Michelangelo eine überlebensgroße Skulptur schaffen. Er nahm diese Herausforderung begeistert an. Nach zweieinhalbjähriger Arbeit war die 5 Meter hohe und 5,5 Tonnen schwere Skulptur des

David vollendet. Die Bürger der Republik Florenz waren stolz und nannten den David ehrfurchtsvoll *il gigante*. Michelangelo hatte mit 29 Jahren zwei der berühmtesten Skulpturen der italienischen Kunstgeschichte geschaffen und galt als der größte Bildhauer seiner Zeit. Und jetzt war er wieder in Carrara, um die tonnenschweren Marmorblöcke für das *Juliusgrabmal* auszusuchen. Ein derart gigantisches Unternehmen war so recht nach seinem Sinn. Sein Tatendrang war so unermesslich, dass er in der Nähe von Carrara sogar eine ganze Bergflanke in eine Skulptur verwandeln wollte!

Michelangelo war bis Ende 1505 in Carrara. Zu Beginn des neuen Jahres trafen die mehr als neunzig Wagenladungen auf dem Platz der alten Petersbasilika ein. Die Einwohner Roms begeisterten sich am Anblick dieses weißen Steingebirges, das Michelangelo in ein Grabmal verwandeln wollte. Aber Michelangelos Plan wurde aufs Heftigste gebremst. Der Künstler erfuhr eine herbe Enttäuschung, denn der Papst hatte inzwischen einen noch gewagteren Plan gefasst, nämlich die größte Kathedrale der Christenheit zu errichten. Julius II. war ganz mit dem Neubau der Peterskirche beschäftigt und schien sich nicht mehr um Michelangelo zu kümmern. Als der enttäuschte Künstler auch noch hörte, der Papst wolle ihn nicht mehr bezahlen, verließ er am 17. April 1506 zornig und ohne Erlaubnis Rom. So bekam sogar der Papst in seiner unumschränkten Macht das starke Selbstbewusstsein eines Künstlers zu spüren. Julius II. sah sich einem titanischen Willensmenschen gegenüber, wie er es noch nicht erlebt hatte. Man versöhnte sich zwar wieder, aber Michelangelos Hoffnung, mit dem Grabmal beginnen zu können, erfüllte sich nicht. Er sollte nun nach dem Befehl des Papstes die Decke der Sixtinischen Kapelle ausmalen!

Eine schwere Krise war die Folge. Aber letztlich fügte sich Michelangelo. Und mit dem Entschluss, etwas zu malen, was die Welt noch nicht gesehen hatte, floss seine grenzenlose Leidenschaft für das Grabmalprojekt zunehmend in die Gestaltung des Deckenfreskos. Ausschlaggebend war, dass der Papst nicht mehr darauf beharrte, die Decke nur mit 12 Aposteln ausschmücken zu lassen, sondern dem Künstler mit dem berühmten Satz: «Mach, was du willst!», freie Hand ließ. Michelangelo widmete sich schließlich mit großem Enthusiasmus, seinem ganzen Können und einer fast übermenschlichen Energie diesem monumentalen Projekt und erschuf fast 350 Gestalten in leuchtenden Farben. Vergleicht man die Propheten, Sibyllen und Ignudi mit den geplanten Figuren des Juliusgrabmals, so wird deutlich, dass die gemalten Figuren des Deckengewölbes eine Transformation der Grabmal-Skulpturen darstellen. Das Grabmal ist der Schlüssel zum Deckenfresko. Die Gestaltungskraft des Bildhauers erschuf eine völlig neue plastische Atmosphäre und revolutionierte damit die Malerei. Der machtvolle Wille, die spirituelle Weisheit und die rhythmischformende Kraft des Künstlergenies vermochten es, die Bilder des Gewölbes in einer lebendigen Entwicklungsdynamik zu einem Gesamtkunstwerk zu gestalten. Mit seinen «gestaltenden Willenskräften» rührte Michelangelo an die bildhafte Quelle des Mythos und der Esoterik, denn der hervorbringende, schöpferische Wille ist die tiefste Form unserer geistigen Existenz».[*]

---

[*] Heinz Georg Häußler: *Das Formengeheimnis Michelangelos*. Die Figuren der Medici-Kapelle. Verlag Freies Geistesleben, Stuttgart 1998.

Vom 1. Dezember 1855 bis 1. Juni 1857
erschien Charles Dickens' elfter Roman
in 20 monatlichen Folgen. Vielschichtig
komplex beschreibt er die mannigfaltigen,
äußerlich aufgezwungenen wie innerlich
selbst errichteten Gefängnisse der Menschen
und deren Wege in die Freiheit. *Little
Dorrit / Klein Dorrit* ist vielleicht «Dickens'
profundester Versuch, eine Antwort auf die
Geheimnisse des Lebens zu finden» (Dennis
Walden in seiner Einletung der 2012 in *Ox-
ford World's Classics* erschienen Ausgabe des
Romans).

Charles Dickens: Klein Dorrit
Neu ins Deutsche übertragen
von Dr. M. Färber.
F. W. Hendel Verlag, Leipzig 1928.
14. Kapitel.

Little Dorrit

«‹Was ich Ihnen sagen wollte, Sir›, sagte Klein Dorrit, ‹ist, dass mein Bruder freigelassen ist.›

Arthur freute sich, es zu hören, und hoffte, es würde ihm gut gehen.

‹Und was ich Ihnen sagen wollte, Sir›, sagte Klein Dorrit, während ihre ganze kleine Gestalt und ihre Stimme zitterten, ‹ist, dass ich niemals wissen darf, wessen Edelmut ihm die Freiheit verschafft hat – niemals danach fragen darf und es niemals erfahren darf, und dass ich niemals diesem Herrn aus meinem ganzen vollen Herzen danken darf!›

Er brauchte wahrscheinlich keinen Dank, sagte Clennam. Er wäre wahrscheinlich selbst dankbar (und mit gutem Grund), dass er die Mittel und die Gelegenheit hatte, ihr einen kleinen Dienst zu erweisen, wo sie recht wohl einen großen verdiente.

‹Und was ich sagen wollte, Sir, ist›, sagte Klein Dorrit, immer mehr zitternd, ‹dass, wenn ich ihn kennen würde und ich es dürfte, ich ihm sagen würde, dass er niemals, niemals, sich vorstellen kann, wie sehr ich seine Güte fühle, und wie sehr mein guter Vater sie fühlen würde. Und was ich sagen wollte, Sir, ist, dass, wenn ich ihn kennen würde und ich es dürfte, aber ich kenne ihn nicht und ich darf es nicht – ich weiß das wohl! – ich ihm sagen würde, dass ich mich niemals mehr schlafen legen werde, ohne zum Himmel gebetet zu haben, ihn zu segnen und zu belohnen. Und wenn ich ihn kennen würde und ich es dürfte, würde ich vor ihm auf die Knie fallen und seine Hand nehmen und sie küssen und ihn bitten, sie nicht hinwegzuziehen, sondern sie mir zu lassen – oh, nur für einen Augenblick zu lassen – und zu dulden, dass meine dankbaren Tränen darauf fallen, denn das ist der ganze Dank, den ich ihm abstatten kann!›

Klein Dorrit hatte seine Hand an ihre Lippen geführt und wollte vor ihm niederknien, aber er hinderte sie sanft daran … ‹Nun, Klein Dorrit, nun, nun, nun! Wir wollen annehmen, dass Sie diese Person kennen, und dass Sie alles das tun durften, und dass Sie alles das getan haben … mein kleines zartes›, Kind war wieder auf seinen Lippen,

‹Klein Dorrit!›»

Brigitte Werner

Bäume

Immer schon waren es die Bäume gewesen, die mich getröstet haben. Man hat es mir noch nie geglaubt, aber ich kann mich erinnern, dass ich in einem Kinderwagen lag und geschoben wurde. Und ich schaute von unten in das Laub einer dichten Allee. Ich erinnere mich an die zitternden goldgrünen Flecken hoch über mir, an das Tanzen der Blätter mit ihren Lichträndern und ihrem Geflirre und das Wohlgefühl, welches ich empfand. Ich erinnere mich dermaßen intensiv, dass ich nicht glauben kann, wenn man mir einreden will, dass die Erinnerung soweit nicht zurückreicht. Immer wieder sind es die Bäume, die mir in seelischen Notlagen helfen. Noch heute. Ich habe sie in meinem allerersten Meditationsversuch gesehen, mächtig, wiegend, lauschend und sprechend. In einer vor Trauer fast nicht zu bewältigenden Phase meines Lebens schlich ich mich sogar nachts in den Garten, den ersten Garten, den ich hatte, mit vielen wunderbaren alten Robinien, die verwunschene

Schattenplätze in einem kochenden Sommer auf die verblichene Wiese warfen, die den Kummer kleiner wiegten und mir Geschichten erzählten, in fremden WindRegenWolkenLichtWorten, die ich alle verstand. Aber nachts war es immer die alte Kastanie, der ich entgegenlief, ohne Angst in der verlassenen Gegend dieses Hauses ohne Zaun, ohne Schutz. Angst war nicht anwesend. Nur die eindringliche Präsenz des Schmerzes und die Präsenz der Bäume in der Dunkelheit. Ich drückte mich an die rauhe Rinde ihres Stammes, der hatte auch glatte, samtweiche Stellen. Und dort war diese magische Kuhle. Ich hatte beim ersten Mal das sehr genaue Gefühl, dass mein Kopf, nein, meine Stirn, dort hingeführt wurde, sanft hineingedrückt, die Vertiefung war so passgenau, dass es mich hätte verwundern sollen. Aber das tat es nicht. Bäume können so was. Sie wissen es einfach. So einfach ist das. Legte ich meine Arme um den Stamm, sie kamen nicht ganz herum, und legte ich meine Stirn in die Mulde, die eine milde Kühle hatte, so geschah etwas Seltsames. Etwas sehr erstaunliches, das mich aber nicht erstaunte. Sondern eher eine Art kostbare Erinnerung war. Ich fand ein Gefühl wieder, das ich verloren geglaubt hatte. Ein tiefer Frieden, eine wohltuende Leere, eine wissende Gelassenheit, dass alles stimmt, alles ist richtig, alles ist so, wie es sein soll, sogar ich bin richtig, was ich stets und immer bezweifel, aber jetzt nicht. Ich weiß, dass alles gut ist. Ja, auch ich. Auch mein Schmerz.

Ich bin jede Nacht, wenn der Kummer zu einem undurchdringlichen Dornengestrüpp hochwuchs oder ein tiefes, schwarzes Brunnenloch wurde, das mich hineinrief und verschlingen würde, zu dieser Kastanie gegangen, der Sommerregen rann manchmal an mir herunter, aber das Blätterdach hielt ihn lange zurück, bis ich wieder in diesen Frieden sinken konnte, der mein Herz kräftigte und heilte. Ja, Heilung geschah. Ich spürte es in jeder Zelle.

Als Kind wuchs ich ohne Garten auf. Unser Hof, umrundet von den freudlosen Mietshäusern, hatte Wäschestangen auf einer sauber gemähten Rasenfläche mit ein paar staubigen Büschen drumherum. Aber keinen Baum. Wenn es tatsächlich einmal vorkam, dass ich alleine zu Hause war, schnappte ich meinen Roller, später mein Fahrrad, und fuhr los. Ich packte noch mein Lieblingsbuch ein, einen Apfel vielleicht und suchte auf dem Friedhof eine ganze Anzahl von Straßen weiter meinen Lieblingsort. Eine verwitterte Holzbank mit verschlungenen Mustern in ihrer Maserung, in der ich Bilder entdeckte und zu Geschichten zusammenfügte. Sie wurde beschirmt von einer mächtigen alten Linde, die ich liebte, die mir ihren Zauber schenkte, ihren Trost, ihren Duft und ihre Schönheit. Ich kletterte mühelos hoch in ihr Blattgewirr, sie streckte schon die Äste nach mir aus, sie machten Platz für meinen grünen, geheimen Schutzort, der mich umhüllte und unsichtbar machte für alle Schrecken meiner Kindheit. Ich saß unten auf der Bank nah ihren knorrigen Wurzeln und wohnte gleichzeitig oben in ihren Armen. Am meisten verzauberte mich das Licht in meiner Baumwohnung. Und das Rauschen, das Flüstern, die schwankenden, wiegenden Bewegungen des Baumes, das Selbstverständnis seines Baumseins. Immer konnte ich dann auch das Selbstverständnis meines Ich-Seins spüren. Mein kleiner, magerer Körper war eine pralle, sonnenwarme Frucht, ein schläfriges, junges Tierchen, das gut behütet in einer versteckten Höhle zusammengerollt dem Leben vertraute, eine wandernde Wolke, die über einen weiten, blauen Himmel zog in der Gemeinschaft und im Gespräch mit ihren Schwester-Wolken. Später, als ich begonnen hatte, Geschichten ganz bewusst zu erfinden, zu erträumen, sogar aufzuschreiben, waren immer Bäume die wichtigsten Begleiter. Ich erschuf die spektakulärsten Baumhäuser mit farbenprächtigen, üppigen Kissen und ganzen Büchertürmen, umschlungen von Zweigen mit Nestern und kleinen Vögeln, die darin wohnten und mir alles über die ferne weite Welt erzählten. Später hatte ich oft die Qual der Wahl zwischen einem Hausboot, natürlich an einem Ufer unter dem hohen Blätterdach exotischer Bäume ankernd oder meinem Baumhaus, das ich inzwischen ohne Mühe nach dem Schließen der Augen in allen Einzelheiten sehen und empfinden, riechen und spüren konnte, selbst mitten in dem verhassten Unterricht der verhassten Lehrerin, selbst wenn ich wegen einer Unachtsamkeit zu Hause Schläge bekam. Bäume und Vögel sind auch in meinen nächtlichen Träumen sehr starke Symbole. Tauchen sie im Traumgeschehen auf, weiß ich immer, dass mein unlösbares Problem dabei ist, sich zu entknoten. Denke ich über schwierige Situationen nach, fühle ich Kummer oder Angst oder quälende Selbstzweifel, so gehe ich an meine besonderen Baum-Orte, aber schon auf dem Weg dorthin kann es sein, dass mich ein Vogel begleitet, plötzlich anfängt zu singen, sogar nachts oder im Winter und mich eine Weile umschwirrt.

Und nun habe ich endlich, endlich einen Baum gepflanzt. Ohne meinen Vermieter zu fragen. Ohne überhaupt jemanden zu fragen. Ich tat es einfach.

Ich fand ihn im Gartencenter, und er wollte mit. Nun kann ich ihn vom Schreibtisch aus sehen. Im Wind zittern seine Blätter. Er winkt. Selbst durch das Fenster können wir uns hören, wenn wir es brauchen. Ich brauche es oft.

Am 30. April 1859 erschien die erste Folge des 12. Romans von Charles Dickens, *A Tale of Two Cities*, in der ersten Nummer seines Wochenmagazins *All the Year Round*. Im Juni 1858 hatte sich Dickens von seiner Frau Catherine (Kate) Hogarth, mit der er zehn Kinder hatte, getrennt. Verliebt hatte er sich in die junge Schauspielerin Ellen Ternan. Am 26. November 1859 erschien die letzte Folge des um Wiedergeburt, Verzicht und Liebe handelnden Romans, der auch von den Wirren der Französischen Revolution erzählt. Von diesem zuweilen meistgelesenen seiner Romane schreibt er im Vorwort der ersten Buchausgabe 1859: «Was auf diesen Seiten getan und gelitten wurde, habe ich so genau nachgeprüft, dass ich es in meinem Innern selbst getan und gelitten habe.»

Charles Dickens: Geschichte aus zwei Städten
Insel Taschenbuch, Frankfurt am Main 1987.
Zweites Buch: Der goldene Faden, 10. Kapitel:
Zwei Versprechen

Lucie und Charles

«‹Ich begreife wohl, dass ich ohne Euch keine Hoffnung haben kann. Auch ist mir klar, dass ich in Miss Manettes unschuldigem Herzen, selbst wenn sie mein Bild darin trüge, obschon ich nicht so anmaßend bin, das zu vermuten, keinen Platz zu behaupten vermöchte im Widerspruch mit ihrer Liebe zu ihrem Vater.›

‹Wenn das so ist, erkennt Ihr wohl, was auf der anderen Seite daraus folgt?›

‹Ich begreife nicht minder, dass ein Wort aus dem Munde ihres Vaters zugunsten eines Bewerbers bei ihr mehr Gewicht hätte als die ganze übrige Welt. Aus diesem Grunde, Doktor Manette›, fügte Darnay bescheiden, aber mit Festigkeit hinzu, ‹möchte ich um dieses Wort nicht bitten, und wenn mein Leben daran hinge.›

‹Ich traue Euch das zu, Charles Darnay. Geheimnisse entstehen aus inniger Liebe ebensogut wie aus großer Entfremdung; im ersten Falle sind sie zart und verfänglich und schwer zu ergründen. Meine Tochter Lucie ist in dieser Beziehung ein solches Geheimnis für mich; ich habe keine Vermutung über den Zustand ihres Herzens.›»

Arnica Esterl

Märchenweisheit

Sind Märchen weise? Das letzte Märchen in der Sammlung der Brüder Grimm erzählt von einem armen Jungen, der mitten im Winter mit seinem Schlitten Brennholz holen muss.

Auf dem Waldboden findet er einen kleinen goldenen Schlüssel. Er glaubt, wo der Schlüssel sei, müsse auch das Schloss dazu da sein, und gräbt in der Erde. Er entdeckt ein eisernes Kästchen und untersucht es, bis er endlich ein winziges Schlüsselloch findet. Er probiert – und ja, der Schlüssel passt!

Was mag in dem Kästchen sein? *Es sind gewiss kostbare Sachen.*

Da drehte er einmal herum, und nun müssen wir warten, bis er vollends aufgeschlossen und den Deckel aufgemacht hat, dann werden wir erfahren, was für wunderbare Sachen in dem Kästchen lagen.

So endet das Märchen – und viele Zuhörer sind enttäuscht. Sie erwarten eine Antwort auf die Frage. In jedem regt sich eine Menge recht unterschiedlicher Wünsche. Ach ja, was uns alles kostbar wäre!

Vor lauter Begehren übersehen wir das Wichtigste in diesem und in anderen Märchen: dass der Weg, der Werdegang geschildert wird. Es geht nicht darum, was oder welche Schätze (und welche Weisheit) wir finden, sondern wie wir dorthin kommen, wie wir sie finden.

Denn es wird unterwegs viel mehr gefunden als «nur» ein Schatz.

Gehen wir den Weg des armen Jungen einmal Schritt für Schritt: Er sucht Brennholz und sammelt das Holz aus dem tiefen Schnee. Weil er friert, räumt er den Waldboden frei, um ein Feuerchen anzuzünden. Er begnügt sich nicht mit dem kleinen Goldstück, das er gefunden hat und das doch schon eine gute Gabe für ihn wäre. Jetzt ist er auf die Spur des Suchens gekommen und gräbt erwartungsvoll tiefer. Er findet ein Kästchen, aus Eisen, das eigentlich nicht zum goldenen Schlüsselchen passt. Aber wer weiß? Er dreht und wendet das Kästchen, und es ist, als käme das allzu winzige Schlüsselloch dadurch erst zum Vorschein. Er gibt immer noch nicht auf und probiert – und der Schlüssel passt!

Warum haben die Brüder Grimm dieses Märchen an das Ende ihrer Sammlung gestellt? Es wäre doch schön und sinnvoll, wenn der ganze «Reichtum» ihrer Märchen aus diesem Kästchen hervorgequollen wäre, indem es das Buch eingeleitet hätte. Viele Redner, Lehrer oder Erzähler fangen ihre Arbeit mit dieser kleinen Geschichte an und lenken damit die Aufmerksamkeit auf deren verborgenen und gewünschten Inhalt. Bei den Brüdern Grimm nun bleibt das Ende offen! Und gerade dadurch wird es zum Schlüssel für die Weisheit in den Märchen. Es geht um den Weg zum rätselvollen Inhalt, den nun jeder mit seinem Suchen, Wünschen und Hoffen beginnen kann.

Schlagen wir nun einen großen Bogen zurück zum ersten Satz der Märchensammlung. Dort heißt es: *In den alten Zeiten, wo das Wünschen noch geholfen hat, lebte ein König, dessen Töchter waren alle schön, aber die jüngste war so schön, dass die Sonne selbst, die doch so viel gesehen hat, sich verwunderte, sooft sie ihr ins Gesicht schien.*

Wie schön muss diese königliche Familie sein! Sind da nicht alle Wünsche schon erfüllt worden? Auch hier überlegen wir, was denn noch gewünscht werden könnte. Wir wollen Resultate sehen und beachten den Weg nicht, der zur Erfüllung des Wunsches führt.

Die jüngste Königstochter wünscht ihre goldene

Kugel, ihr liebstes Spielwerk, zurück, die ins bodenlos tiefe Wasser des Brunnens gefallen ist. Sie ist bereit, dem Helfer dafür alle ihre Schätze zu geben: Kleider, Perlen, Edelsteine, auch ihre Goldkrone.

Aber der Frosch wünscht sich keine materiellen Schätze, sondern etwas vollständig Neues, Ungeheuerliches: *Wenn du mich liebhaben willst und ich soll dein Geselle und Spielkamerad sein ... von deinem goldenen Tellerlein essen ... in deinem Bettlein schlafen, wenn du mir das versprichst ...*

Blind in ihrer Trauer um den Verlust ihres Spielwerks, sagt die Königstochter: *Ach ja, ich verspreche dir alles, was du willst ... Sie denkt aber zugleich: Was der einfältige Frosch schwätzt ..., der kann keines Menschen Geselle sein.*

Aber dieser Widerspruch zwischen Sprechen und Denken darf nicht sein, nicht in jenen alten Zeiten, als das Wünschen noch geholfen hat, als Sprechen nicht Schwätzen war, als das Wort noch gegolten und gewirkt hat. Sie selbst hat «ja» gesagt und kann dies nicht rückgängig machen. Sie hat damit einen Prozess in Gang gesetzt, den wir nun wieder Schritt für Schritt – oder diesmal Sprung für Sprung – nachvollziehen sollen: Die ganze Nacht hindurch hüpft der Frosch vom Brunnen zum Schloss, plitscht und platscht die Marmortreppe hinauf bis zur Tür. Welch immense Kraft treibt ihn an? Welche Wandlung des Frosches ereignet sich schon unterwegs, schon hier? Weiter hüpft er, der Königstochter, die ihm geöffnet hat, auf dem Fuße nach, auf ihren Stuhl, auf den Tisch, an den goldnen Teller, dann in ihr Kämmerlein, in ihr Bett. Ja, er will zu ihr – aber nicht als Frosch. Ihn treibt der Wunsch, Mensch zu sein, und dazu muss er Stufe um Stufe den Frosch mit ihrer Hilfe ablegen, denn niemand hätte ihn aus dem Brunnen erlösen können als sie allein. Und sie hat Ja gesagt!

– Auch dieses Märchen endet nicht. In der zweiten Nacht verschwindet das väterlich-königliche Schloss, und die beiden Königskinder sind verbunden, aber wir müssen warten, bis der Diener Heinrich den Wagen in das Reich des jungen Königssohns zurückgelenkt hat. Und dieser Wagen fährt noch immer …

Oft werden einzelne Motive dieses Märchens und vieler anderer Märchen als Therapeutikum eingesetzt – und es zeigt sich, dass sie hilfreich sind. Aber Märchen sind nicht nur «Rezepte» bei seelischer Not. Weisheit und Wahrheit liegen tiefer. Alle, ob jung oder alt, die ein Märchen hören, fühlen sich durch den Gang eines Geschehens angesprochen und begleitet, weil es den eigenen Lebensweg betrifft. Der Wunsch, Mensch zu werden, treibt uns alle an, und wir gehen diesen Weg zusammen mit der Heldin oder dem Helden. Sie nehmen uns gleichsam an die Hand und führen uns durch Verwandlungen zu uns selbst – jeden in seiner Art. Der Sinn der Märchendeutung liegt darin, dass er Sinn für jeden von uns ist. Der Blick eines Märchens mag jedermann und erst recht zu jeder Zeit etwas anderes sagen, aber der Horizont der Deutung ist klar: dass wir nicht *über* das Märchen, sondern *aus* dem Märchen zu lernen haben. So können wir die Schätze, die wir zu finden hoffen, in uns selbst entdecken – immer wieder neu.

Machen wir uns also mit den Märchen auf den Weg!

Charles Dickens' vierzehnter Roman, *Our
Mutual Friend*, erschien in 20 Fortsetzungen
über einen Zeitraum von 19 Monaten von Mai
1864 bis November 1865. Ein ab April 1870
in Fortsetzung erscheinender fünfzehnter
Roman, *The Mystery of Edwin Drood / Das
Geheimnis von Edwin Drood,* blieb unvollen-
det. So bildet *Unser gemeinsamer Freund* mit
seinen vier Büchern: *Becher und Lippe, Vögel
vom gleichem Gefieder, Eine lange Gasse* und
Eine Wendung, der letzte große vollendete
Wurf des «Unnachahmlichen», der teils als
sein dunkelster, teils als sein imaginativster
und modernster Roman gilt.

John Harmon kehrt aus dem Ausland nach
London zurück, um sein Erbe anzutreten, doch
sein durch das Verwerten von Müll vermögen-
der Vater hat in seinem Testament zur Bedingung der Erbschaft verfügt, dass sein Sohn
zuvor die eigenwillige, trotzige Bella Wilfer
heiraten muss. Wie kann John nun sicherstel-
len, dass Bella ihn für das, was er als Mensch
ist, liebt, und nicht für sein Vermögen? John
Harmon gibt sich als Mr. Rokesmith aus …

**Charles Dickens: Unser gemeinsamer
Freund**
Aus dem Englischen von Horst Wolf.
Gustav Kiepenheuer Verlag, Weimar 1962.
Erstes Buch, 9. Kapitel

Unser gemeinsamer Freund

«Nun war schon längst in Bella die Vermutung
aufgestiegen, dass Mr. Rokesmith sie verehre. Ob
diese Vermutung sie veranlasste, ihm etwas mehr
oder weniger Sympathie entgegenzubringen als zuvor, ob ihre Neugier oder ihr Misstrauen dadurch
wuchs, war ihr selbst noch nicht ganz klar geworden. Jedenfalls aber nahm er ihr Interesse in ho-
hem Grade in Anspruch, weshalb sie auch diesen
Zwischenfall sehr aufmerksam beobachtet hatte.
Dass Rokesmith sich dessen bewusst war, verriet
die Bemerkung, die er machte, als er mit ihr allein
am Gartentor beisammen stand.»

Jean-Claude Lin

Erfahrungen mit dem
Zeitpunkt des Todes

Am Valentinstag des Jahres 2014 kehrte meine liebe
Susanne nach Hause. Drei Monate lang hatte sie in
der Klinik gelegen. Als dann weitere Infusionen
einen Port erforderlich gemacht hätten, entschied
sie sich dagegen. Es war genug. Mit großem Respekt und Bedauern, ja mit Bewunderung für die
Art, wie sie ihre Gebrechlichkeit und Schmerzen
mutig und heiter ertragen hatte, verabschiedeten
sich die Ärzte und Krankenschwestern von ihr. Zu
Hause war ein neues Zimmer mit dem Krankenbett
und einigen ihrer Möbel für sie eingerichtet worden. Sie kehrte also zurück, um zu sterben, und sie
dachte, es könne nicht so lange dauern.

Im Februar 2009 hatte Susanne die Diagnose
Krebs mit Metastasen erhalten. Fünf Jahre lang hatte sie also damit gelebt und noch gearbeitet, gegen
die Ausweitung des Krebs mit ihren Ärzten und
Therapeuten zusammen gekämpft, bis die Schmerzen so groß geworden waren, dass sie um Aufnah-

me in die Klinik gebeten hatte. Doch nun musste auch dieser Versuch beendet werden.

In der Klinik hatte sie sich selbst das Schreiben mit der linken Hand beigebracht, als der Lymphstau im rechten Arm das Schreiben mit der rechten Hand nicht mehr zuließ. Eine Weile konnte sie dies fortsetzen: Sie schrieb an einige ihrer lieben Begleiter und Freunde im Leben mit der linken Hand, bis auch dies nicht mehr möglich war, da auch der linke Arm durch einen Lymphstau nicht mehr bewegt werden konnte. Noch aber konnte sie, trotz der zunehmenden Schmerzen, die kleinen Mahlzeiten, die unsere Tochter oder ich für sie zubereitete, genießen. Eines Tages hatte ich ihr einen frischen, knackigen Salat gemacht, da fielen die letzten Backenzähne oben links heraus. Nun hatte sie nur oben rechts und unten links Zähne zum Kauen, die sie aber nicht mehr dafür nutzen konnte. Wie hat mich das geschmerzt, dass ihr diese kleine Freude an frischem Salat genommen wurde – und das auch noch durch meine Hand!

Der Winter war dem Frühling gewichen. Susanne staunte, dass sie immer noch unter uns war. Aber auch die freundlichen Krankenschwestern und Pfleger, die täglich kamen, wie auch die Ärztin und der Palliativarzt staunten darüber, dass, trotz der inzwischen notwendig gewordenen sehr hohen Dosis an morphinhaltigen Schmerzmitteln, das Bewusstsein nicht so herabgedämpft war, dass eine Unterhaltung nicht mehr möglich gewesen wäre. Noch sprach sie mit uns, nahm noch an unserem Leben teil.

Der Frühling neigte sich dem Sommer zu, und sie war immer noch da. Ihr Leib wurde ihr aber immer fremder und fremder, immer schmerzvoller und schmerzvoller. Sie sehnte sich nach dem Abschied. Vielleicht musste erst der Jüngste unserer fünf Kinder mit Beginn der Schulferien aus den Vereinigten Staaten nach Hause kommen, bevor der Abschied möglich wurde. Am 12. Juni wurde sie sehr unruhig. Eine Krise spitzte sich zu, dass ich dachte, heute könnte sie sterben. Doch gleichzeitig fragte ich mich, warum heute, warum an diesem 12. Juni? Ich bekam kein Verhältnis zu einem Sterben an diesem Tag. Ich verbrachte die Nacht bei ihr, und die Krise zog vorbei.

An Fronleichnam, dem 19. Juni, war es aber soweit. Wieder hatte ich die Nacht zu ihren Füßen am Bett gelegen. Tagsüber hatten sich alle Kinder und ihre Partner wie auch ihr Bruder und eine gute Freundin der Familien eingefunden. Wir haben gesungen und gebetet. Die «Entbindung» dauerte einige Stunden. Über längere Zeit hielt ich meine linke Hand um ihren Kopf, berührte sie mit meiner Stirn, Kopf an Kopf, versuchte ihr Mut und Ruhe zuzusprechen. Als ich die Worte der Rosenkreuzer sprach: *Ex deo nascimur, in christo morimur, per spiritum sanctum reviviscimus,* hat Susanne das Wort «nascimur» mitgesprochen. Für die anderen Worte fehlte ihr die Kraft. Aber die Kinder hatten das alle wahrgenommen, und es machte möglich, dass diese Worte in den Tagen und Monaten nach dem Tod von Susanne Katharina Wege Lin uns begleiten konnten. Eine Weile nach diesen Worten hörte Susanne im Beisein unserer Tochter, unserem jüngsten Sohn und mir um kurz vor zehn Uhr abends auf zu atmen. Sie hatte es endlich geschafft.

Wie viel befriedigender kam mir dieser Tag für ihren Tod vor: An Fronleichnam, *Corpus Christi,* dem 19. Juni 2014, schied sie aus dem Leben, das sie am 19. August 1956 begonnen hatte.

Aber diese Daten hielten noch weitere Überraschungen für mich bereit. Im August erhielt ich eine Email eines Freundes: Hast du gesehen, Jean-Claude, in deinem Kalendarium in *a tempo*: 19. August 1662 Blaise Pascal † und in Klammern dahinter: * 19. Juni 1623 – das kann doch kein Zufall sein! Ich hatte selbst das Kalendarium für

August aufgestellt, und entgegen meiner üblichen Auswahlkriterien für die Geburts- und Todesdaten hatte ich für das Jahr 2014, da Monat für Monat ein kleines wesentliches Werk eines Philosophen behandelt wurde, zusätzlich die Geburts- und Todestage von Philosophen aufgenommen, auch wenn diese nicht besonders oder rund waren. Mir war aber dieser «Zufall» entgangen, dass Blaise Pascal an dem Tag gestorben war, an dem meine Susanne geboren wurde, und an dem Tag geboren wurde, an dem sie gestorben war. Welche Bedeutung mag ein solcher Zusammenfall bergen?

In den Wochen nach diesem Hinweis des Freundes vertiefte ich mich ein wenig in das Leben und Werk des französischen Mathematikers, Physikers und Autors der *Pensées,* der *Gedanken über die Religion und einige andere Themen.* Und durch diese Beschäftigung stieß ich insbesondere auf seine zwei Jahre jüngere Schwester Jacqueline. Als Blaise mit 24 sich immer mehr von der Welt abwandte, um sein Leben ganz und gar Gott zu widmen, im Sinne der in Port-Royal gepflegten christlichen Spiritualität, die mit den Jansenisten in Verbindung gebracht wird, hatte diese Wendung auch Jacqueline so stark ergriffen, dass sie alles tat, um schließlich Nonne im Kloster von Port-Royal zu werden, auch wenn dies zur Folge hatte, dass sie die häusliche Gemeinschaft mit ihrem geliebten Bruder Blaise verlassen musste. Es war eine schwere, intensive Auseinandersetzung, «weil sie mit Sicherheit die Person war, die er auf der Welt am meisten liebte», wie deren ältere Schwester Gilberte in ihrem bewundernswert hingebungsvollen Bericht über das Leben ihres Bruders schreibt. – Es ist hier nicht der Ort, um näher auf das Leben und die schmerzvollen Ereignisse, die schließlich zu Jacquelines frühem Tod am 4. Oktober 1661 im Alter von nur sechsunddreißig Jahren führten, einzugehen. Es berührt mich aber zutiefst, welchen Widerklang, welche Resonanz ich in diesem Lebenslauf von Jacqueline Pascal in Verbindung mit Susanne fühle. Auf welche Art von Wirklichkeit, von wesenhafter Durchdringung hier womöglich hingewiesen wird, kann ich nicht mit Gewissheit sagen. Aber die geöffnete Perspektive, die unerwartete mögliche Dimension einer bis dahin verborgenen Verbindung ist zum Atem-Anhalten – selbst wenn alles nur Bild einer tieferen Wirklichkeit sein sollte.

Anfang Oktober befand ich mich im Zug auf dem Weg zur Frankfurter Buchmesse, als ich einen Anruf des Palliativarztes von Susanne erhielt. Er fragte mich, ob ich an einer Podiumsdiskussion über aktive Sterbehilfe teilnehmen könnte. Er, der feinsinnige und behutsame, der nichtsdestotrotz über seine Skepsis manchen unserer anthroposophischen Anschauungen oder Handhabungen gegenüber nicht geschwiegen hatte, erzählte mir am Telefon, wie er bewundert hatte, dass, trotz der unermesslichen Schmerzen, die Susanne erleiden musste, zu keinem Zeitpunkt ernsthaft erwogen wurde, den Tod früher eintreten zu lassen. So gerne wäre ich seiner Einladung gefolgt, denn jetzt wusste ich, was ich hätte sagen können. Hätten wir Menschen den Tod von Susanne irgendwie beschleunigt, statt ihn einfach gewähren zu lassen, wäre mir nicht die zusätzliche Dimension ihres Lebens eröffnet worden. Welche Wirklichkeit auch immer sich darin verbirgt: es hat sich mir ein neuer Horizont eröffnet, durch den ich auch Trost und Erhebung gefunden habe, die mir Versöhnung sind mit dem schmerzlichsten Ereignis meines bisherigen Lebens.

Am Tag vor ihrem Tod flüsterte Susanne träumend-wachend vor sich hin: «Es ist noch Platz in meiner Hütte.» Ja, für eine wie Jacqueline oder einen wie Blaise Pascal – und für viele andere, mit denen wir durch die Zeiten wandern.

Andreas Altmann, 1949 in Altötting geboren, lebt und arbeitet in Paris, wenn er nicht gerade die Welt bereist. Er zählt zu den bekanntesten deutschen Reiseautoren und wurde u. a. mit dem Egon-Erwin-Kisch-Preis und dem Seume-Literaturpreis ausgezeichnet. In seinen Büchern – seit 1999 erscheint fast jährlich eines – erzählt er übers Reisen, Leben und Erleben – so zuletzt in *Verdammtes Land. Eine Reise durch Palästina* und in *Frauen.Geschichten*. 2017 kommt sein Buch *Gebrauchsanweisung für das Leben* heraus.
www.andreas-altmann.com

Frank Berger, geboren 1955 in Stuttgart, studierte Kirchenmusik und Musikpädagogik in Utrecht (NL). Er lebte einige Jahre als Kirchenmusiker, Dozent für Musiktheorie und Komponist in Berlin. Ab 1982 war er auch als Übersetzer tätig und publizierte Beiträge in verschiedenen Zeitschriften. 1994 begann er als Lektor für den Verlag Urachhaus zu arbeiten. 1996 – 2014 hatte Frank Berger die Leitung des Verlages Urachhaus inne. Sein Buch *Gustav Mahler – Vision und Mythos* erschien in einer zweiten und aktualisierten Auflage 2010, ebenfalls seine karmische Studie über Bruckner, Mahler und Schönberg im Jahr 2011, und 2016 die 2. Auflage seines Buches *Der okkulte Bach*.

Jörg Ewertowski, geboren 1957 in Zweibrücken, studierte nach seiner Ausbildung zum Goldschmied in Frankfurt/Main Philosophie. Seit 1994 ist er Leiter der heutigen Zentralbibliothek der Anthroposophischen Gesellschaft in Deutschland (www.rudolf-steiner-bibliothek.de). Er hält Vorträge und Seminare an verschiedenen Orten, unterrichtet in den Hochschulen der Christengemeinschaft in Stuttgart und in Hamburg und ist seit 2011 maßgeblich an der Entwicklung der biografischen Methode *Individulle Lebensgeschichte* in Hohenfried beteiligt. Im Verlag Freies Geistesleben ist sein Buch *Die Entwicklung der Beswusstseinsseele. Wegmarken des Geistes* erschienen.

Arnica Esterl, 1933 in Den Haag geboren, studierte nach abgeschlossener Schneiderlehre Germanistik, Philosophie und Friesisch in Amsterdam und Tübingen. Seit 1976 ist sie aktives Mitglied der Europäischen Märchengesellschaft und seit 1989 im Stuttgarter Märchenkreis engagiert. Neben ihrer Seminartätigkeit für Erwachsene gilt ihre Hingabe und Leidenschaft dem lebendigen Erzählen – besonders dem Erzählen für Kinder. Von Arnica Esterl ist im Verlag Freies Geistesleben *Die Märchenleiter – Welches Märchen erzähle ich meinem Kind?* erschienen

Ruth Ewertowski, geboren 1963, studierte Germanistik, Philosophie und Anglistik. Sie promovierte über das Thema des Außermoralischen. Heute ist sie Redakteurin der Zeitschrift *Die Christengemeinschaft*, freie Autorin und Mitarbeiterin der Rudolf Steiner Bibliothek Stuttgart. Von ihr erschienen Bücher zu theologischen Themen (Judas, Opfer, Sündenfall, Einweihung, Vertrauen).

Dieter Hornemann, geboren 1946, ist Pfarrer der Christengemeinschaft in Prien am Chiemsee. Er ist verheiratet mit der Malerin Dorothea Hornemann, Vater von sechs Kindern und Autor verschiedener Bücher, darunter *Mit der Erde atmen lernen Zum anthroposophischen Seelenkalender.*

Andreas Laudert, 1969 in Bingen am Rhein geboren, studierte an der Universität der Künste in Berlin Szenisches Schreiben sowie Theologie an Priesterseminar der Christengemeinschaft in Hamburg und Stuttgart. Er veröffentlichte Theaterstücke, Essays, Prosa und einen Gedichtband. Heute lebt er als freier Autor in Norddeutschland und Berlin, wo er an der Freien Waldorfschule Prenzlauer Berg Deutsch und Ethik unterrichtet. Im Verlag Urachhaus erschien u.a. seine Studie *Die vergessene Lebensaufgabe. Von Kafka zu Napoleon – Eine Spurensuche*; im Verlag Freies Geistesleben ist sein Band in der falter-Reihe erschienen: *Und ist ein Verbindungswort, das Du ist es auch – Wege zu einer anderen Selbstlosigkeit*.

Jean-Claude Lin, wurde 1955 in London geboren, wo er Sinologie studierte. In Stuttgart studierte er Philosophie, Mathematik und Geschichte der Naturwissenschaften. Seit 1986 ist er im Verlag Freies Geistesleben tätig, dessen Leitung er seit 1991 verantwortet. Seit 2000 gibt er das Lebensmagazin *a tempo* heraus. In der falter-Reihe sind die von ihm herausgegebenen Bände *Die Monatstugenden* und *Leben mit dem Leben* erschienen. 2017 erscheint sein Band zur Kunst des Haiku: *Heimkehren*.

Walther Streffer, geboren 1942, Buchhändler und Antiquar, beschäftigt sich seit Jahrzehnten mit naturwissenschaftlichen Themen, vor allem mit Ornithologie. Seit über fünfzig Jahren leitet er Vogelstimmenexkursionen und vielfältige ornithologische Reisen, auch außerhalb Europas. Neben seinen Büchern wie *Magie der Vogelstimmen* oder *Wunder des Vogelzuges* ist auch seine Monographie über das Deckenfresko der Sixtinischen Kapelle, *Michelangelos offenbare Geheimnisse,* erschienen und zuletzt *Über die Art hinaus. Die Bedeutung intelligenter Individuen für die Evolution der Tiere.*

Brigitte Werner geboren 1948, lebt und arbeitet im Ruhrgebiet und an der Schlei. Sie wollte immer Lehrerin werden, aber noch lieber wollte sie Geschichten erzählen. Nach zehn Jahren Schuldienst und einem Berg ungeschriebener Bücher ist sie umgestiegen in das Leben ohne festes Gehalt, ohne Chef und Vorschriften, aber mit einem Sack voller Lebensideen.mSie hat in ihrem Kindermitspieltheater gespielt, gewerkelt und die Stücke geschrieben, hat ein paar Preise bekommen und schreibt nun für Kinder und Erwachsene. Sie liebt Katzen, leckeres Essen, Bücher, Bücher, Bücher und die Zufälle des Lebens. Zu ihren bekanntesten Kinderbüchern zählen *Kotzmotz der Zauberer* und *Bommelböhmer und Schnauze.* 2013 erschien ihr Entwicklungsroman *Crazy Dogs*, 2015 ihr Band in der falter-Reihe *Zufälle – Das Leben ist wunderbar.*
www.brigittewerner.de